離島出版

鎮長週記

大家好
我是苗栗
苑裡鎮長
劉育育

Dear Yuanli:
Mayor's Weekly Notes

劉育育 著

目錄

Dear Yuanli:
Mayor's Weekly Notes

百分之一百二十的鎮長

曾旭正◎福智佛教學院副校長，曾任國發會副主委

沒有人這樣選！沒有人這樣當鎮長的……。

兩年又一個半月，總共一百一十個星期，累積了一百多篇「鎮長週記」，每篇至少千字！怎麼會有那麼多話要對鎮民說？

我們倒著時序看回去。防災？還談韌性！台灣多雨、時有強風，偶爾還發生地震，地方政府面臨諸多考驗。但每當災害發生，通常由縣市長、立法委員或中央官員出面處理，鄉鎮市長多只是在旁邊陪著，且往往只是事後勘災，而非積極防災。

可是，苑裡這位年輕的鎮長不一樣！她不僅重視防災，還進一步談韌性——如何讓地方更具備抵禦與復原的能力？這是少見的視野與行動力。

活躍老化？！參與做上癮了嗎？「活躍老化」原本是學術圈談論多年的概念，衛福部也鼓勵縣市政府參與，但受限於預算，往往以全縣為單位進行宣傳，真正落實到鄉鎮

的活動多流於點綴。

然而，這個海邊小鎮不同，苑裡不只自己推動，還摸索出其他縣市沒有的做法，讓長輩真正參與、真正受惠。

每年政府發送敬老禮金或禮品，但長輩真的開心嗎？透過參與討論、科學抽樣、創意發想，鎮公所讓長者自行選擇實用與實惠兼具的禮品，送禮真正送到心坎裡。這是「幸福在地安老」的開始，也是苑裡因應超高齡社會的第一步。

兒童的政策參與？誰才是主人！兒童沒有投票權，因此通常不是政治人物關心的對象，兒童節活動往往流於形式。為了這種預算執行的方式，總要提早幾個月準備，公私單位都忙、大人小孩都累。人仰馬翻的「慶祝」活動結束後，總有人會懷疑人生，究竟是為誰辛苦為誰忙。

那麼，回到原點吧！為何不讓孩子們自己決定兒童節該怎麼過？大人來聽聽兒童如何看待鎮上的生活，哪些地方可以改變？

因此苑裡鎮推出「兒童參與式預算」，讓十歲上下的孩子們，在「孩子王」哥哥姐姐的陪伴下，分享觀察、提出期待，甚至成為陳情人，在立委現勘時大方表達意見。最後，孩子們在兒童節園遊會上投票決定提案，數百張選票竟無一廢票！

「參與」作為一種價值與手段，這理念源自鎮長在台大城鄉所的學習。然而，剛上任時，她立刻面對如震撼教育般的硬體建設挑戰，這不一定是城鄉所的理論，而是現實的政治課題。

二〇一八年大火燒毀苑裡市場，重建工程竟延宕四年毫無進展，這正是劉育育決定參選的契機。當選後，市場重建成為最迫切的政見，但行政程序的阻礙讓她經歷數次硬仗，才終於讓工程順利發包。一年半內，她讓市場重建跨出好幾步。如今百年市場已開始施工，不久後將以嶄新且富有歷史記憶的面貌呈現。

書中每篇週記都以「大家好，我是苗栗苑裡鎮長劉育育」開頭，因此成為這本書的標題。但更讓我印象深刻的是，她在內文中不斷強調：「我會盡我百分之一百二十的力氣來打拚！」

正是這樣的決心與氣力，讓她能蹲下來與長輩、孩子說話，握過無數雙手仍不覺疲累，寫下這麼多文字仍保持樂觀。她說她理想中的政治應該是這樣的：「既要有溫暖的人情，也要有黑白分明的原則；可以有實際的考量，但必須保有不可退讓的法治精神。」

台灣現實中，也許沒有百分之一百的政治人物，但苑裡卻出現了一位「百分之一百二十」的鎮長。所以，你才會看到這麼多不一樣，未來也還會有更多不一樣。勇敢的民主小鎮，不是苑裡的未來，而是現在。因為鎮民早已踏出第一步——勇敢選出這樣的鎮長！

推薦序

承擔真實的民主治理

彭桂枝◎台灣主婦聯盟生活消費合作社理事主席

民主不只是「我們喊出要什麼」這麼簡單，它同時也是內外縫補與承擔的真實歷程。高票當選鎮長後，一切就順利了嗎？跟第一線公務人員、鎮民代表及各里里民互動後，參選鎮長的初衷會產生變化嗎？育育的週記讓我們看到這個過程。

「鐵打的衙門，流水的官」是傳統上對於科層制度的沉痾形容，意思是說，縱使你高票當選、滿腔熱血，到了實際執政以後，依然需要考量科層制度如何運作。盡力溝通自己的理念，也放下自己的偏見，在鎮公所內「公公協力」，重新看見施政的可能性。

在行禮如儀的兒童節和重陽敬老津貼發放上，各公部門慣常的作法是用禮品與禮金處理，看似人人盡歡，承辦的公務人員也省事。育育不一樣，這位鎮長讓兒童、樂齡長輩進行討論，沉靜思辨後說出自己想要的。育育也邀請帶領公民審議的夥伴進行培訓，讓整個鎮公所動員起來，這過程中我們看到溝通的細緻，以及她如何和同仁們攜手努力的過程。

在〈二〇二三年四月二十三日鎮長週記：開一場雙向溝通的里民大會〉，育育則讓我們看到，她如何把握機會聆聽鎮民的需要與建議，並且適時給予機會教育，帶領鎮民了解，現代社會各個公部門之間怎麼合作，民眾又該如何和鎮公所協力，爭取對應公部門的預算。

鎮民代表會的功能是溝通年度計畫及預算，檢視鎮長的施政成果，育育和鎮民代表會互相磨合的過程，更是值得我們細讀。初期可能部分鎮代不論黑白，就是決意杯葛到底，甚至刪減鎮公所提出的預算。育育讓我們看到，必要時她會慨然發表想法的堅決，以及柔軟折衝的手段。

民主政治的真諦是相信人人都可以被賦權，對想要的生活方式參與決策，同時也承擔相對應的責任與義務。感謝育育和苑裡鎮民真實展現了這寶貴一課。

主婦聯盟合作社的性質也類似，理監事為一百零五位社員代表所選出，就任後要和總經理、一級主管與近四百五十位員工合作，經營合作社各項社業務。同時，理監事也要和各地區近三百位深度參與合作社的社員幹部定期合作，提升社員的幸福。另外舉辦每年兩次的線上社員面對面，也在官網揭露合作社的大小日常。理監事的日常就這麼交錯在大小不同的會議中，頻繁地溝通，實踐民主式經濟的真諦。

民主人人會喊，尤其遇到自身的權益被侵奪，聲音更是響亮。然而民主相對應的責任與義務，則是需要我們去實踐，理解民主有時緩慢，但它讓眾人懂得平等對待他人，聆聽彼此意見的深意。與此同時，更要知道民主不是民粹，而是人人都有機會被賦權，進而謀得我們想要過的生活，並且還能涵容更多人的福祉。

這本書從反瘋車運動，到當選鎮長後的施政方向及預算溝通，讓我們看到育育和苑裡鎮民一起實踐民主治理的歷程。推薦想要深入思考民主意涵的大小公民，一起來共讀此書。

作者序

做對的事，向光而行

在擔任苑裡鎮長的第三年，我重新回顧這兩年來公職生涯和投入地方治理的經驗。其中，每週持續書寫的「鎮長週記」，至今已累積超過百篇，這不僅是實踐「政治透明」、向鎮民朋友報告的行動，更是對每一項鎮務的仔細紀錄和深刻反思。

從行政機關的日常運作，到苑裡地方政治與發展的關鍵事件，鎮長週記不間斷記錄了地方治理實踐，更希望讓公眾看見——政策如何形成、決策如何推進，以及改變如何可能。同時，這些書寫也希望讓更多人能貼近理解，像我這樣一個政治素人首長與團隊，如何在傳統政治中撐出空間，「做對的事」，展現我們面對事物的價值取向、策略方法與態度。

政治，不該是比拳頭大小、比口袋深度、比樁腳密度；治理，也不是算計，不是交換、更不是搓圓仔湯。然而，「做對的事」無法單靠行政首長的努力和意志，更需要幕僚團隊、公務體系、民間公民組織的參與。透過公私協力，相信專業、相信民主，讓社會重建對公共事務和參與的「信任」。

要實現這樣的理想，政治工作者不能停下腳步，而是需要在具體行政工作的茶米油鹽當中、在基層公務體系的運作肌理脈絡當中，貼身肉搏，透過一次次溝通協調，創造新政治的空間，展現不同於傳統政治的價值。

例如，苑裡市場重建案中，我與團隊特別關注文化資產的價值展現，以及全區規劃、參與式設計對城鎮未來發展和空間導引的重要性。討論公務預算時，也不再是資源分配或私下「喬」事情的邏輯，在主導關切人民生活方方面面的公共事務，而是轉化為接近實質民主的參與式預算，讓預算真正回應社會福利和公共需求。

這些嘗試，在當前的「地方創生時代」，顯得格外重要，也與時下中央行政院與立法院的預算衝突、憲政討論，產生深刻的呼應和連結——地方的行動，從來不是孤立的，而是與更大的政治結構、社會變遷持續對話，交織映照出台灣民主政治的未來方向。

本書第一部分，針對二〇〇五年起我書寫的實踐筆記、日記，以及尚未出版的台大城鄉所論文《浴火重生，燒出「新」市場：苗栗苑裡菜市場重建中的規劃政治和空間競奪》進行擴寫和改寫。二〇一三年參與反瘋車運動時，受期刊《人間思想》邀請，書寫了一篇當時返鄉的心路歷程：〈抗爭的力量來自組織與人的深耕：歌唱、勞動與主體生成——返鄉苑裡工作者的抗爭告白〉，也是本書參照反瘋車運動的重要紀錄。這些書寫都如實呈現當時行動的所思所想，是在運動的集體行動當中才能產生的珍貴經驗，沒有眾人同行，沒有時代的機緣，不會有今日的我和這本書。

本書第二部分，特別根據主題分類，選出鎮長週記中探討的數個苑裡重要公共政策實踐——苑裡菜市場、兒童參與式預算、敬老計畫和活躍老化、韌性防災、預算討論。這些議題，不只是地方政府行政問題，也牽動著台灣未來的發展方向：如何在高齡化、少子化的時代，讓地方自治與民主實踐找到新的可能。

許多人對於「政治素人」的我，究竟如何當選鎮長、如何治理一個小鎮感到好奇。不過這本書，不只是一本關於一個人參政歷程的書，我希望書中的文字，能真實鼓勵到更多青年朋友以及未來的自己，持續勇敢自我實踐、探索這個社會與自我的灰暗之處，不害怕狼狽、不害怕迷惘，在黑暗痛苦當中，找到心之所向的光，並踏實地向前走去。

我也希望有一天，在家鄉土地上好好生活的我們，不再被稱為政治的素人，而是透過學習與行動，成為真正扎根地方的行動者，改稱為家鄉的達人。無論是參與公共事務，或是二〇二六年的地方選舉，希望有更多人勇敢站出來，共同行動。

特別感謝一路提攜、相伴而行的家人朋友師長、社運夥伴、以及共同投入地方參選的人們。感謝此時跟著我堅守崗位的鎮長室團隊若安、藝欣、美樺、明毅，以及過去與現在在公所認真服務的所有同仁和機要祕書李易昆。感謝掀海風夥伴秀芃、治明、佳昇、小于、家湉、令威、健民和沛蓮，以及毋免拜託聯盟鄭暉煌、陳鼎為、百九、斐瑄、惠文、書銜、嘉佑以及許許多多的志工朋友。謝謝我的台大城鄉所指導教授黃舒楣老師的包容。

整本書的編輯、設計、校稿與出版，特別感謝離島出版的團隊。

同時，謹以這本我人生第一本正式出版的書，獻給在天上的父母。

以這本書，獻給在天上的陳秀鑾阿姨、林却阿嬤、黃文章阿伯——謝謝你們曾以生命和行動照亮這片土地。

如果生命能透過下一世代的記憶傳承與延續，我相信，你們的故事不會被遺忘，而是將化作閃耀的光，映照在未來行動者的步履之上，引領前行的路。

第一部

参政之路

序曲：開票那一天

二〇二二年十一月二十六日，台灣苗栗縣第十九屆地方選舉開票日，下午六點半，天色已暗，距離正式開票結果出爐，還有兩個小時。

這時的競總總部已經人聲鼎沸，我的耳邊，有大家興奮的議論聲音，也有門外傳來斷斷續續的鞭炮聲。氣氛越晚越高漲，越來越多人聚集在總部，臉上漸漸浮現笑容，雀躍的情緒蔓延四周。

我卻一點也開心不起來，心中五味雜陳。

我知道大家為什麼興奮，理應和他們一樣歡喜——根據我們志工群組裡的回報，各個投開票所的數字說明了一切：我們贏得這次的鎮長選舉。歷經過去八十幾天的奔波，接下來四年，我將成為我的故鄉苑裡鎮的鎮長。

然而，與我一起搭檔參選的兩位鎮民代表候選人鄭暉煌、吳若安，票數卻不見樂觀，應該無法當選。

對此，我感到非常沮喪。

「我要我們三個都選上。」我對鄭暉煌說。

「你不用煩惱那麼多，老天爺自有安排。不要想那麼多。」鄭暉煌在安慰我。他跟其他人一樣，臉上藏不住的笑意，卻也帶著一絲失落。

辦公室裡的工作伙伴正在埋頭寫選後的發言稿，準備各式各樣的文件。我將目光轉向另一位候選人吳若安，她很溫和地跟我說，「我們一定會想辦法的。」

就在這個時候，我們的競選總部外面，已經開始出現震天價響的鞭炮聲，爆破的聲音，像是大家壓不住的喜悅與歡騰。

「育育，大家在外面等了！」

《中央社》　**二〇二二年十一月二十六日**

苗栗縣苑裡鎮長選舉結果上演「小蝦米戰勝大鯨魚」，三十五歲政治素人、地方創生青年劉育育終結政壇老將、鎮長劉秋東的連任夢，她說，「證明苑裡是勇敢的民主小鎮」。

——**管瑞平**

《天下》網站　**二〇二二年十二月十三日**

八月初，苗栗苑裡鎮一場好友小聚，酒酣耳熱之際的討論，意外成為當地改變的契機。

由劉育育、鄭暉煌、吳若安三位政治素人組成的「毋免拜託聯盟」，今年分別角逐苑裡鎮長、鎮民代表，最終劉育育以二七四四票之差，打敗尋求連任的鎮長劉秋東。

劉秋東從鎮民代表起家，當過鎮代會主席、三屆縣議員，從未在選戰吃過敗仗，基層實力可見一斑。「直到開票之前都沒有想過她會當選，」苑裡鎮民陳昱文與許多親友都投給劉育育，卻毫無一人有把握，「大家都很興奮啊！」

——**蔡立勳**

「育育，你什麼時候出去？」

「育育不要哭，這是開心的事……。」

「鎮長鎮長，你好了嗎？快出來，外面越來越多人！」

我深吸一口氣，帶著複雜又沉重的心情，走了出去。在我面前，是鄉親興奮的臉龐。

看到我們一起走出來，鄉親們大聲地歡呼、鼓掌。

而我，與鄭暉煌、吳若安站在一起，開始對著大家發表感言。

「毋免拜託」當選感言

感謝大家的支持與一路的陪伴，就在今天，我當選了苑裡鎮長。

謝謝苑裡人，我們一起做到了。

這是一個不可思議的奇蹟。我、鄭暉煌和吳若安，我們三個都是第一次參選。我們無黨無派、沒有樁腳、沒有背景，靠的是一戶一戶的拜票、一場一場的政見發表會、一次又一次的理念說明，獲得了今天的每一張選票。我要在這裡，代表我們的團隊，謝謝投票給我們的每一位鄉親。

投給我們的每一位鄉親，我們一定曾經見過面。

在政見發表會、在清晨的市場、黃昏的街頭或網路的直播間裡，

我知道，你曾經在我們昨天從山腳走到街頭的遊行中，替我們加油；

我知道，你曾經在清晨的路口對我們揮手；

我知道，你曾經對著我們的車隊，大聲歡呼；

因為，我們的每一票，都是這樣老老實實、一步一腳印所爭取來的。

從九月二日登記參選到今天，短短八十五天的時間，我們用不一樣的打選戰方式，

想要跟大家說，政治有不同的可能，我們一起做到了。在我們看來，今天的票數，就是反應苑裡人最真實的想法。

苑裡人，想要一個不被傳統政治把持的苑裡，

苑裡人，今天的決定，證明苑裡是勇敢的民主小鎮。

苑裡人，我們可以抬頭挺胸地說，我們一起做到了。

在參選之前，我們是書店老闆、魚丸頭家、咖啡店老闆，因為希望讓苑裡更好，我們組隊參選，一舉選上鎮長。為了苑裡，我們一起寫下這個奇蹟。

儘管選舉過程，讓我們看到政治的黑暗，我們受到了許許多多黑函與謠言的攻擊，但，這沒有打敗我們，反而讓我們更堅強。每多收到一張黑函，就讓我們更加堅持正直、良善、為苑裡付出的初衷。最後選舉的結果也證明，我們堅持正直的想法，它是對的。

政治不是算計，不是交換，不是搓圓仔湯。政治是相信選民、是討論政見、是遵守民主與法治價值的良性競爭。

這一次的選舉結果，也表示大家看不過傳統政治與黑函的選舉方式，大家期待一個全新的政治、期待苑裡能有新氣象。我們所喊的口號，真的實現了：政治新氣象、苑裡不一樣！

但我現在，心裡覺得非常非常可惜。我們兩位優質的鎮民代表候選人鄭暉煌、吳若安，以非常些微的差距，沒能進入鎮民代表會。

不過，兩位代表候選人在民間，依然會持續推動他們的政見：鎮民代表會要「透明化」，我們希望可以看見，苑裡鎮的預算是如何使用、如何花掉的。我們呼籲新任當選的鎮代，也應該跟我們一起來努力，讓陽光照進苑裡鎮代會。

我要特別感謝兩位鎮代候選人鄭暉煌、吳若安，還有他們的家人。在參選的過程中，看到他們值得敬佩的精神：服務不分內外區。因為他們熱愛苑裡、想讓苑裡變得更好，鄭暉煌犧牲休息時間，每天只睡三小時；吳若安放下手邊的咖啡店工作，全力為苑裡未來打拚。

謝謝他們，謝謝他們的家人，一起走過了這一趟民主之路。

接下來，只有一個月就要就任了。我們相信，台灣已經有多次民主輪替的經驗，鎮公所一定會能夠依法順利地安排交接事宜。接下來的日子，我們希望能與現任的鎮公所團隊請益、協力合作，讓鎮務沒有空窗期，一步一步、平穩地迎來全新的苑裡。

我們會秉持這次選舉的理念：人民「毋免拜託」鎮長。只要是對的事情，正確的事情，對鎮民好的事情，我們就會來做，不需要大家拜託。

我也呼籲各位鎮民，一定要給我們監督，我們不只要在投票的這一天，扛起我們作為「頭家」的責任；我們也會在未來的每一天，繼續履行我們做「頭家」的職責，一起讓苑裡更好。

再次謝謝大家，謝謝！

三個人生故事

我的家鄉——苑裡鎮，是一個擁有四萬多人口的小鎮。在台灣的政府行政體制中，它與「鄉」、「市」一樣，是地方自治的最小單位，人口規模通常比「鄉」更多、比「市」還少。

我所競選的「鎮長」這個公職，是「行政權」的首長。用傳統的語言來說，是地方的「父母官」、「大家長」。而與我一同競選的鄭暉煌跟吳若安，他們競選的鎮民代表肩負審查預算、監督鎮公所等職責，掌握「立法權」，是地方治理重要的一環。

自從當選鎮長以來，我很常被問幾個問題：

「當初為什麼會想要選鎮長？」

「你是怎麼選上鎮長的？」

「你之前做了什麼，讓你可以具備這些能力？」

每次被問到這些問題，我都會根據當時的情境，除了跟對方分享，我和夥伴們參與苑裡菜市場火災災後重建議題時的衝擊，也會從過去人生中幾個經歷來回答：包括我因為返鄉參與「苑裡反瘋車運動」，而後創立「苑裡掀海風」地方創生團隊和開設一家書店；在學生時代參與「樂生療養院保存運動」與其他社運的經驗；如果時間充裕一點，我會說起我的家庭，說說爸爸為我取名「育育」的由來，也談我從小跟故鄉的情感。

如今，在就任鎮長邁入第三年的此時，我希望能更完整地梳理這三個影響我很深的故事。這些故事未來或許還會再延伸、增補、長出新情節的可能性，但此刻，我希望將它們記錄下來，不只是作為個人回憶和生命書寫，也作為回應我們這個時代的對話素材和起點，讓更多渴望改變自己家鄉、參與地方政治的青年，不再感到那麼孤單，可以在故事中，找到繼續走下去的勇氣、動力或靈感，並碰撞出更多新的想法與行動。

第一話

參政起火點——苑裡鎮公有零售市場

二〇一八年，一把意外的大火，燒毀了苑裡鎮上的百年菜市場，這場火災嚴重影響地方的民生和空間，也成為毋免拜託聯盟投入選舉的契機。

苑裡鎮的公有零售市場歷史悠久，起源可追溯到一九〇七年，最早稱作苑裡消費市場，位於現在熱鬧的天下路與為公路交叉街口。這個市場選址，並不是偶然，而是順應苑裡街市發展脈絡的結果。

早在清朝時代，苑裡的漢人街市就已經成形，以信仰中心慈和宮為發展端點，再往南線性展開，成為現稱「天下路老街」的「苑裡街」。

一八九七年，地方仕紳蔡振豐提出〈苑裏建設市場議〉，建請日本殖民政府於苑裡街尾興築消費市場，以歸公共所用，有利於商業活動發展和未來苑裡鎮的繁榮：

苑裏前遭閩、粵焚燬，街市遂墟，故街尾東畔一片空地，至今尚未築屋，誠為憾事！

但街衢道路，正貴井井有條，鄙見請於空地派令殷戶分段起蓋，年間按納地基多少，由官核定，一如從前臺北府內准民量地納租之例。斯業主不得挾地居奇，就中開設市場，商業將必由此愈旺。市有所趨，地無久曠。不但鳥獸魚肉不能薰蒸，已得衛生之法；即店屋連接，生意大開，不數年由庶生富，人於苑裏，將共興樂國之適矣！

市場的興建與發展和苑裡的繁榮息息相關。從大正十年（一九二一年）日治二萬五千分之一地形圖（局部）可見，當時火車站前的主要幹道已成形，市場前也鋪設了輕便軌道，通往貓盂（今中正里，苑裡內區）和山腳，這條路也是縣道一三〇的雛形。

隔年大正十一年（一九二二年）海線鐵路全線通車，苑裡火車站位置就在現今的為公路起點，距離菜市場入口不到兩百公尺。這樣的地理位置優勢，使市場成為重要的交通樞紐。

從大正元年（一九一二年）至昭和九年（一九三四年）藺草編織產業興盛，苑裡街市和生活聚落逐步成形擴大，市場也持續擴張，用地面積或攤位數都持續增加。市場內攤位雲集，販售苑裡人生活上所需的物品：靠海農鄉豐富多樣的漁產、蔬菜水果；各項生活產業小型商號：繡學號老店、修改衣褲裁縫店、印鑑鑰匙商行、書局、鐘錶店、香燭店、嫁妝店、挽面理髮、鞋行、生病時抓藥的中西藥局、擇日館及工作上需要的農具菜刀店等一應俱全。

另外也有在地日常小吃：魚丸、涼麵、肉圓、肉乾、豆花、鯊魚餅、草仔粿，滿足在地外食和祭拜熟食的需求，也讓異鄉遊子能一解鄉愁。

老市場漸漸失去生機

然而，自一九七〇年代起，苑裡菜市場如同台灣其他傳統市場，逐漸面臨多重挑戰。這些挑戰包括現代交易習慣與生活型態的改變，以及來自超級市場、量販店、超商等多元通路競爭。此外，市場周邊交通堵塞和步行空間狹小，市場建築本身則因各攤商所需，不斷增加設備或加蓋鐵皮，導致通風不良、照明不足、異味橫生，進而有空攤率提高的問題，此外，基礎設施老化問題也接踵而來，讓市場內部逐漸中空化。

另外，部分攤商將攤舖位使用權視作所有權行使，甚至私下買賣攤鋪位，導致管理困難。最為棘手的是，苑裡公有零售市場沒有實質日常運作的自治組織，無法有效協調攤商與公部門之間的矛盾，難以改善市場空間秩序的亂象。

公共空間缺乏治理及自治組織的薄弱，也為後續苑裡公有零售市場「改建」、「整建」爭議埋下遠因。苑裡菜市場有位處交通樞紐的地理優勢，隨著建築年久失修，推動土地開發的資本力量開始浮現。

主流輿論普遍認為市場老舊髒亂、停車空間不足，部分攤商「占地為王」，對地方稅收貢獻有限，因此應拆除改建，以釋放這片黃金地段的土地開發潛力。

這些討論讓「異地改建」或「商業開發」的聲音日漸高漲。

這樣的聲音，也加深市場內部的不安，部分攤商開始抱持「做一天算一天」的心態營運，不再鼓勵年輕一代接手家族事業。

對於許多鎮民而言，這座市場如同一個記憶的容器，承載著苑裡的歷史與人情。眼看著它逐步空洞、凋零，甚至走向拆除的命運，卻顯得無能為力。然而，二〇一八年的一場大火成為一切的轉捩點，也改變了我與許多夥伴的人生，讓我們走上參選之路。

在燒焦味中成立自救會

二〇一八年九月十四日，擁有百年歷史的苑裡老市場燃起一場突如其來的火災，又因怪手進場而受到進一步破壞。日治時期的建築僅存「据賣場」還算完整，其餘本館、別館只剩下磚牆殘體的遺構。當時，其實不分青年、長輩之間，虛擬的網路空間或是實體空間上的耳語，各種揣測和陰謀論不脛而走——有人問：「是不是擋到開發案了？」也有人懷疑：「會不會是傳說中的古蹟自燃？」

大火隔天，九月十五日，我和當時的工作團隊掀海風在火災現場與攤商討論，發現災後有很多問題尚未解決，於是協助大家組成受災攤商自救會，並在通訊軟體 Line 設立群組，讓資訊保持流通。組織正式全稱為「苑裡百年老市場災後重建自救會」，特別強調市場具有歷史和文化的面向。

我清楚記得，自救會選擇在掀海風新開的書店「掀冊店」召開第一次會議，大家共同確定了第一份聲明稿的訴求。災後幾天，書店一直殘留一股火場帶回來的燒焦味，這是攤商清理攤鋪位、進出市場原址時沾染的現場氣味，也在書店留下深刻的氣味印記，彷彿提醒我們這份火災後的沉痛。

同一時間，揪海風與關心菜市場的青年志工們，於菜市場火災現場對面的農會大樓空地，發起行動策展「寫給苑裡百年老市場的一封信」，號召曾經參與過田野調查營隊與策展的志工返回苑裡，展出燒毀前的菜市場老照片。許多受災攤商、關心菜市場火災的民眾，前來災區現場時停下來觀展，聊聊他們與菜市場的往事。那些分享，像是一塊塊拼圖，拼補起我們共同的記憶，讓我們不至於遺忘。也透過人們的互相打氣，縫補受災攤商心中的洞。

《中國時報》　二〇一八年九月十四日

苗栗縣苑裡鎮天下路公有市場，因改建方案意見不一準備改為修繕，未料十四日清晨五時發生大火，內部多為易燃及助燃材料，火勢波及連棟六十九間鐵皮屋，消防局動用怪手開挖滅火，火勢雖在七點多獲得控制，建物和內部財物幾乎都付之一炬。

苑裡鎮長杜文卿也趕至火場關切，他說，起火的苑裡公有市場，原先有計畫要改建，但部分商家意見不一難以整合，因此計畫改以修繕方式進行……鎮公所上午也緊急召開主管會議，商討災後善後事宜。

——**陳慶居**

除了展覽，紀錄影像工作也同步進行。這些影像捕捉災後當下的市場，記錄攤商的狀態和心境，為後續災後重建過程留下關鍵紀錄，也作為對外界溝通現狀的發聲工具。藉由喚起記憶、引進更多輿論聲量，撐出攤商和公民向公部門訴求公共權益的空間。

在這些珍貴的影片裡，不少年輕一輩的苑裡攤商，因為這場火災，聊起他們在菜市場工作的回憶，也談他們百年菜市場重生的願望，以及對當地文化和公共的反思。

當時擔任自救會會長的鄭暉煌，就在影像中留下一段經典的話語，讓我至今難以忘懷。鄭暉煌是在地經營超過五十年鄭記魚丸的第三代，也是受災攤商。他說：

這個地方是我從小會爬的時候就在這裡長大的地方，我爬過這裡的每一個地方，所以對這裡的情感是沒有辦法言語的。所以當我看到火那麼大的時候，腦袋浮現都是以前的東西，很難去想像燒完以後，我要用什麼樣的心情去面對這裡，會覺得好像失去什麼東西⋯⋯（火災）的鑑定調查，它的原因是什麼、起火點在哪裡，這是我們迫切想知道的，不然就會有太多的空間讓別人想像。這個建物真的太珍貴了，我那時候就是想說這麼珍貴的建物就這樣燒了，一百多年的東西燒了，哪來的一百多年的東西再出現？如果全部都重建的話，看不到以前東西我會覺得是很可怕的事情，好像一個文化就不見了，好像不曾出現這個東西，我也沒有辦法跟我的小孩講過去，這是很可怕，沒有辦法講過去是很可怕的事情。

重建市場，留住文化和歷史

每次想起鄭暉煌說的這段話，我都會感到一種揪心的失落，但也感受到，他說的，不只是他的故事，也是我們所有苑裡人的故事。如果我們失去了這座市場的記憶，就像是失去了故鄉的一部分。

而這也成了我們投入關注市場重建的最大動力——不能讓這份文化和歷史，在我們這一代手上消失得無聲無息。這場火災，是發生在我們返鄉回來耕耘文化的第五年，在我們團隊剛好相對成熟的時刻，似乎預示著這是我們返鄉的歷史任務與責任。

當時返鄉苑裡、承接母親四川涼麵店的前台積電工程師楊子德，其菜市場的店鋪也因火災受到嚴重的影響。他在影像紀錄中回顧：

那時候大家都很慌張，有的很氣憤、有的很無奈、有的看到就軟腳……五味雜陳的感受都出來。但是我覺得，我們想把這個東西保留下來，他本身的價值真的很高，好像就是突然就什麼都沒了，我們想要把東西做好保留下來，但是別人不是這麼想的感覺……你說對這個建築物的思念，我想說完蛋了，苑裡人都慢慢流失，又突然這樣，對他們來說苑裡還有沒有情感在。我敢說這個一百零九年的情感，他是累積很多情感在裡面，包含記憶的部分，不然不會它燒的時候，大家都跑回來看，大家都請假然後都回來故鄉。

我覺得如果要延續這個情感，希望可以原地重建，畢竟是一百零九年的建築物部分的東西還留著，可以把它保存下來，原地重建再把一百零九年的風華找回來。這樣子就可以跟人家交代，阿姨，我們沒有辜負你們的期待，你們的回憶在，還可以再回來，不然會找不到回故鄉的路，很多都慢慢不見了。

像楊子德一樣，許多受災攤商談到的都是「記憶」、「文化」與「情感」，對於公部門能否原地重建市場，以及市場是否仍能是過去的模樣，充滿憂慮。然而，市場重建走上文化資產保存的路徑，在台灣也有不少挑戰。

第一重挑戰，是建築的災損狀態。

火災之後，日治時期市場建築大部分焚毀或被怪手拆除，很多地方只剩下牆面，以及面積較小的一九三四年据賣場，還保留了完整的建築結構。很多人提出質疑：「都燒成這樣了，還有什麼價值可以保存？」我們深知，光是解釋這些殘存遺構的文化意義，就已經是一場艱難的說服工作。

第二重挑戰，是文化的重新定位。

菜市場，從很多人眼裡看來，不過是日常生活裡平凡的一隅。一個賣菜買菜的地方，能算什麼文化資產？當有人當著我的面說：「這種地方，也能叫文化？」我不禁想起小時候在菜市場牽錯媽媽的手，以及那些熙熙攘攘的人聲，那些新鮮的漁貨、冒著蒸氣的小吃攤，全是我們生命中最真實、最鮮活的記憶。這些所有人共同的日常生活在地記憶，正是市場的靈魂和文化價值所在。

第三重挑戰，是對歷史的認識不足。

許多人不知道，苑裡菜市場建築的歷史可以追溯到日治時期，或是以為文化資產必須要「年代久遠」才能稱之為古蹟。其實，文化資產的價值不僅在於其年代，更在於它與當地文化與人情的深刻連結。

第四重挑戰，是一般民眾對文化資產的誤解。

在許多鄉鎮地方，「文化資產」往往帶有負面標籤，甚至會有誤解：「一旦被列為文化資產，就無法作為市場使用」。這些錯誤認知不斷在地方流傳，我們必須用更多的時間、更多的對話，耐心澄清和溝通。

即使面臨上述重重挑戰，自救會、苑裡公民朋友和我們仍選擇共同推進文資保存、提報暫定古蹟，因為在當時，這是唯一能突破鎮公所單方面決策的方法。文化資產保存程序的啟動，讓苗栗縣文化觀光局得以成為另一個重要的公部門角色，以及有文資委員的專業角色，共同參與市場未來的規劃。此外，文資程序也能提供公民參與發聲平台，避免未來的市場重建偏離地方需求。

更重要的是，暫定古蹟的程序，為市場建築遺構與据賣場提供了法律保護，也讓市場可以討論原地重建。一旦遺構得以保留，市場原地重建的可能性才得以保留。我們相信，這不僅僅是保存一座建築，更是一場守住苑裡的記憶與文化的保衛戰，為未來的苑裡小鎮發展打下堅實的基礎。

抓緊時間，撐出公共討論空間

二〇一八年九月下旬，苑裡菜市場暫定古蹟。可惜事情的發展沒有那麼順利，當時的苑裡鎮公所對文化資產仍缺乏充分認識，也對《文化資產保存法》相對陌生，甚至一度與苗栗縣政府槓上，將縣府和文資委員會議暫定古蹟的行政處分，定性為「政治事件」，帶起一波「文資阻礙清運和地方發展」的輿論。

針對當時鎮長錯誤認知「暫定古蹟會妨礙清運、造成安全疑慮」的論述，我們主張強調，保存災後建築遺構與推動市場重建和地方發展，從來不是互斥。國內外已有許多老市場保存活化成功的案例，即使只保留部分遺構，也有機會採取新舊並融的規劃設計，使市場重新成為地方特色與凝聚地方認同的場所。

主事者除了應細心地進行災後清運、保全完整遺構外，更需要真誠回應攤商安置需求，以開放的態度來面對重建。如果這個過程能引領更多民眾認識苑裡歷史，相信在共同記憶與情感的基礎上，將能開啟多元又豐富的公眾「苑景」對話，實現安全、清潔和遺構保存三贏的願望。感謝當時有文資工作者林奎妙、林秀叡、葉昀昀，還有一些文資專家的支持，打開了這方面的公共論述空間。

而暫定古蹟的六個月法定期間，則撐開了一段重要的時間和空間，讓我們得以深入調查建築的身世和文化價值，推動文資教育，並展開更多的公民討論。

為了強化論述、促進溝通，掀海風積極引進其他資源、策劃多元行動。其中一項重要行動是與國立臺灣歷史博物館合作，進行災區物件的暫時保存、調查與詮釋。掀海風和自救會聯手號召志工，協助受災攤商一起回到災區撿拾遺留的物件。一開始，許多受災攤商期待鎮公所協助，用小型挖土機進行小面積開挖。但鎮公所不僅遲遲未給予協助，還一度計畫將災區現場物件全視為垃圾，直接盡數清除，甚至要求攤商簽署切結書，放棄物品的所有權。

因此，受災攤商們和志工相約一同徒手撿拾物件，意義格外重大。一方面是受災攤商開始了真正「自救」行動，組織起來、靠集體的行動來解決問題；另一方面，這也是一種災後療癒的過程，透過挖掘出過去日常生活中的物件，在一群人的陪伴下，慢慢走出災後傷痛。

此外，掀海風也與藝術團隊「畸零地」開始了長期駐點的合作，透過行動攤車「古蹟燒」，在苑裡街區進行「古蹟教育」的宣導，以及合作了一場參與式劇場《苑裡好人》，讓更多人走入市場、認識市場；我和團隊夥伴也舉辦一場紀錄片營隊，培力在地青年拿起攝影機，繼續以苑裡市場為題材進行拍攝。

最後，在文資審議大會決定苑裡菜市場是否具文資身分前，自救會與掀海風聯合策劃了一場「菜市仔音樂會」。當天，為公路短暫封路，邀請獨立樂團拍謝少年、黃瑋傑與山寮樂隊來唱歌，吸引外地人前來苑裡。同時，也邀請受災攤商重返市場，讓老顧客找得到他們，並與苑裡鎮民一起討論文化資產保存的意義。

活動現場有苑裡青年製作的「新舊並存」市場重建模型、展出「文化資產QA」、「苑裡市場歷史」，讓與會者更深入了解苑裡菜市場的過去與未來。

老市場是生活的歷史建築

二〇一九年三月九日，文資審議大會在苗栗縣政府召開。會議當中，掀海風與自救會共同撰寫一份補充書面意見書，強調「攤商在市場做生意，與鎮民的互動，即為市場的重要文化內涵」。

一把無名火，原本可能就只是燒掉一棟建築，將這棟建築化為烏有。然而二〇一八年九月的大火，卻燒出苑裡文化資產保存議題及地方公共意識，燒出更多過去鎮公所和鎮民都還不敢面對的爭議。

災後數個月，在地民間團體與文資保存工作者合作，由下而上推動保存文化。最後苑裡菜市場確定登錄「歷史建築」，庶民的文化價值獲得肯定，並開啟了苗栗第一場以民主審議方式，討論公共文化資產的市場重建。

掀海風與自救會討論後也發出一份聲明，表達團隊立場和一直以來的堅持，標題為「由下而上的改變，從公民行動開始——我們留下了一座具有文資價值的苑裡老市場」：

……這是特別的一刻，苑裡百年的歷史，透過由下而上的討論，成功翻轉了過去大家對市場或是文資的錯誤印象，我們也得以重新認識家鄉的文化、腳下土地的歷史。這也是經典小鎮的第一步，在經典鎮民的共同協力下，書寫在地歷史新的一頁，此為本次文資審議中最為彌足珍貴的事。

接下來，市場還有重建的規劃進度，以及攤商續約，我們誠懇建請公部門運用智慧，與民間攜手合作，開放民眾參與，一步步解決火災之後懸而未決的問題，讓苑裡市場成為台灣新舊並存、重建修復最佳案例，也樹立民主典範。

一座溫暖、有人情味的文化資產「老市場」，核心是裡面的「人們」——那些透過手藝、農漁產、雜貨來說故事的「攤販」，以及買東西、串門子的「人客」（台語：顧客），一起在這裡共創的記憶、共寫的歷史，這是這座老市場最重要的文化價值所在。在登錄歷史建築之後，我們期待其內涵中的庶民文化、常民生活記憶，也予以尊重與妥善保存，讓老市場成為生活的歷史建築。

挫折推動參選之路

二〇一八年的火災，打破原本市場的格局與秩序，空間權力關係的爭奪也在災後市場用地上浮現。然而，攤商／鎮公所的不對等房客／房東關係，讓災後初始的空間政治權力倒向鎮公所那一方，直到民間採取「文資保存」策略，文資相關的法律機制引入苗栗縣政府、文化部、公民等角色，才重新洗牌市場的重建走向。

然而，即便市場的文化價值獲得專業肯定，並成功登錄歷史建築身分，卻未讓問題迎刃而解。登錄之後，真正的挑戰才剛開始——原本在公民參與規劃過程中提出的各種建議，與文資保存階段蒐集的意見，在行政端遭到單方面推翻。鎮公所片面主導決策，徹底否定先期規劃中的鎮民共識和專業意見，強勢決定「怎麼做」和「做什麼」。

我們意識到，政治權力的濫用，是市場重建的最大阻礙。前任鎮長這樣的行為，也讓我們深感挫折，甚至憤怒，進而成為推動我們走上參選鎮長與鎮民代表之路的一個重要契機。

以下是一份自救會當時發布的聲明，整理了事件的前因後果與時間脈絡，清楚展現整個市場重建過程中的矛盾與挑戰。我希望透過這份歷史文件，邀請大家一起回顧這段重要的歷史經驗。

二〇二二年九月二十八日記者會後新聞稿

◉拒絕黑箱蚊子館◉

◉重建市場勿欺騙◉

苑裡百年老市場災後重建自救會、毋免拜託聯盟—苑裡作伙行，今天（九月二十八日）聯合召開記者會，指出苑裡菜市場自二〇一八年發生大火後，有超過兩年的時間進度空白、延宕，且過程中多有不實謠言，只為掩蓋現任苑裡鎮長劉秋東違法、失信於民和不合情理的市場重建。

記者會分別由毋免拜託聯盟苑裡鎮長候選人劉育育、苑裡百年老市場災後重建自救會會長鄭暉煌和曾參與二〇一九年參與式設計工作坊和公聽會的鎮民吳若安出席發言。

首先，毋免拜託聯盟、苑裡鎮長候選人劉育育表示目前苑裡市場火災四年了，為什麼還蓋不起來？涉及了三大謊言和三大真相。劉育育一一指出現任鎮長劉秋東說了三大謊言，分別是①工期延宕是歷史建築的錯？②清運廠商的錯？以及③歷史建築區域已劃設五十二攤，所以攤位數夠？

◉謊言1　歷史建築的錯？

鎮公所出版的鎮刊中，劉秋東將延宕的工期推卸給「歷史建築」，說文資拖慢重建進度，然而早在三年前，二〇一九年七月文化部就撥七百萬啟動第一波重建：緊急加固、修復再利用規劃。為何拖到至今連設計案都還沒有招標？鎮長無能卻要找擋箭牌，這樣讓支持苑裡市場重建的文化部情何以堪？

◉謊言2　清運拖延，廠商的錯？

市場垃圾清運拖到二〇二二年才完成，讓垃圾在市場幾乎放了四年。劉秋東認為原因出在廠商清運拖延，但也表示一開始招標時公所清運量預估失準。把責任甩鍋給廠商最容易，但忽略了主事者、行政契約甲方為苑裡鎮公所的事實，公所本來有多種行政手段去解決問題，但因為自己的效率不彰，而最後被鎮民罵時，才又找擋箭牌來擋。

◉謊言3　歷史建築區域已劃設五十二攤，攤位數夠？

歷史建築區域目前因為公所延宕，連「設計」案都尚未公開招標，哪來的五十二攤？因而目前重建方案中攤位數不足的問題仍然未解。

關於現在劉秋東一意孤行推動的方案，劉育育也指出三個真相，認為有嚴重行政程序缺失：

◉真相1　違法搶施工

日前苑裡鎮公所在市場門前花錢做的廣告圖所示之市場重建方案，尚未核發建築執照，為了選前搶施工，違法忽略應有行政程序，且未能依法正式通知將受到拆除、重建影響的所有攤商，相當失職。

◉真相2　失信於民

現行設計方案違背二〇一九年公民審議的結果，不但推翻民意，更推翻專業意見，此外也違背二〇一九年劉秋東親筆簽名的承諾書，將原本可以讓市場與歷史建築共生共榮的建築，改成一套造成街廓四分五裂、設計不良的方案，對於苑裡街區發展將造成不可回復的傷害。

◉真相3　不合情理

錯誤的設計加上沒有先做中繼市場和相應的規劃攤位配套措施，將可預見低使用率，最終讓苑裡最黃金地段的公共土地淪為蚊子館。

苑裡百年老市場災後重建自救會會長的鄭暉煌表示，四年來，自救會的訴求一樣都沒有解決，我們的鎮公所和鎮代會出了什麼事?市場重建三階段，第一階段二〇一九年的先期規劃，透過參與式設計，大家共同參與，解決了許多問題，包括攤位大小、數量、機制等等，結果卻在第二階段的設計監造，被鎮長黑箱作業推翻掉。鄭暉煌表示，這是「假民主」，讓許多參與的人覺得被欺騙。鄭暉煌也強調，一個市場要使用五十年以上，是留給下一個世代的公共資產，在選前趕施工錯誤方案，犧牲的是人民的納稅錢、公共工程品質和苑裡的未來發展。鄭暉煌呼籲鎮民一起監督鎮公所，政治人物則應負起責任做對的事。

最後一位發言的是曾參與二〇一九年參與式設計的鎮民吳若安。吳若安表示當年會投入公民審議，是因為二〇一八年發生大火時她也在現場，難過地看著自己的兒時記憶燒毀，希望可以共同出力、表達意見，來積極參與苑裡市場的未來。在參與二〇一九年參與式設計的工作坊和公聽會時，她覺得身為苑裡鎮民很驕傲，因為這座公共資產市場的未來，是由苑裡人們一起來決定的。

結果，二〇二二年市場前面公告的市場重建示意圖，卻顯示，現任鎮長最後竟直接否決了三年前討論的結果。原本令人期待苑裡會有共生共榮的市場街廓，都是假的，有被鎮長欺騙的感受。吳若安認為鎮長如此黑箱作業違背鎮民期待、抹殺了公民積極參與和投入的努力，並指出市場是大家的，重建應該公開透明、依據民意基礎進行，來做一個大家會使用、支持的市場，而不是一座蚊子館。

最後，鎮長候選人劉育育再補充發言，鎮民和攤商都有充分知情的權利，謊言和黑箱作業不能掩蓋現任鎮長的行政能力不足之事實，現今鎮長只在乎個人利益，不在乎苑裡鎮民集體利益，是罔顧苑裡未來發展和鎮民權益的作法。鎮長無能，應盡監督之責的鎮代也失能失職，未能將苑裡市場導向正確方向，讓鎮民痛心，毋免拜託聯盟將會把問題陳報給中央部會，包含文化部和經濟部，希望中央部會可以看到和導正目前鎮公所荒腔走板的作為。

這份聲明稿很直白、也很誠實地傳遞出我們的心聲。自從老市場登錄為歷史建築之後，打開公民參與式規劃討論的空間時，我們原本還對當時的鎮公所懷抱希望，卻遲遲沒有看到重建進度。反之，出現的是各式各樣的耳語——

「鎮長說，是你們掀海風堅持提報文化資產，才讓市場無法重建。」

「鎮長說，你們自救會和歷史建築阻礙了苑裡發展。」

很多鄉親因為資訊不對等、不熟悉相關法規，就被這樣的說法蒙蔽了。其實我相信，這樣的現象在台灣的地方政治中並不罕見——再好的法規與政策，若地方執行官員缺乏能力或認識，也難以落實到位。

後來，我們也從《鏡週刊》拍攝的紀錄片中，得知了更令人震驚的事——時任鎮長的劉秋東曾非常得意地對別人表示，他刻意把一些明顯有價值的文物，當成垃圾拿去丟掉了。

當時還不知道前鎮長有這麼荒謬違法的行徑，也還不知道後來司法調查出他涉嫌在市場拆除重建工程上謀取不法利益。光是刻意散播錯誤風聲，將文資保存妖魔化，以及

將市場重建延宕的問題，一概推卸到文資保存與我們身上，誤導鄉親以掩飾自身的失職，已讓我們憤怒不已

是的，寫到這裡，推動我們參選的答案，已經相當清楚了。因為希望重建一個好的市場，所以我們決定自己來參選。

鄭暉煌也很喜歡說一個笑話，來回應那些不相信我們參選動機的人。因為地方上，總有人不相信我們是自主出來參選，老是問：

「是誰要你出來選的？」

「你背後是誰？」

「你代表誰？」

這種問話，實際上跟民主精神相違背。後來，鄭暉煌發展出一套回答方法。他會神神祕祕靠近問話的人：「你來，我告訴你。」

當對方側耳傾聽，他會說：「是劉秋東，劉鎮長要我出來選的。」

對方會覺得他在開玩笑，或者半信半疑，覺得高深莫測。

但實際上，這是真的。在一次的會議中，前任鎮長劉秋東當面嗆說：「你這麼厲害，不然你來選鎮長？鎮長給你當？」

鄭暉煌很生氣，他說好，我們選。民主時代，人人都可以選鎮長，這樣的嗆聲實在毫無意義。最後，我們決定參選了

「毋免拜託」其實是在諷刺不民主的傳統政治：候選人選前拜託人民投票，但當選之後反而變成人民拜託政治人物做事，這是不對、不民主的事情。

鎮長是人民的公僕，薪水領的是人民的納稅錢，只要是對的事情與政策，人民「毋免拜託」，人民不用拜託，公僕本來就要去做去執行。

劉育育的參選聲明

大家好，我將投入今年的地方選舉，參選苗栗縣苑裡鎮鎮長。

對於許多曾勸進我們，但都被我拒絕的朋友來說，可能是相當震驚的轉變。

這個決定並非突然，但也沒有太長的猶豫時間。我並非出生政治世家，無黨無派，說是素人參選，但也不是完全的政治素人，因為自己的工作與志業是長期在地方與公共領域蹲點，所以這個參選鎮長的決定，雖然困難，但我也同時感到相當熟悉，因為這就是我一直以來的實踐路線和經驗——該沉潛、深蹲、耕耘時，我會蹲得最低；該出來面

對挑戰、衝擊和改變時，我會站得最前面。當有許多人決定不是勸進我，而是跟我一起參選時，就是我決定投入鎮長選舉的轉捩點。

我從就讀輔大心理系的大學時代參與樂生保留運動，到畢業進入新北市的蘆荻社區大學從事成人學習的工作，而後二〇一三年因為反瘋車返鄉抗爭，並在二〇一四年成立苑裡掀海風，二〇一七年就讀台大城鄉所，這一路的學習與實踐歷程，在不同的工作崗位當中，每一次行動的選擇、政治判斷以及碰觸陌生與未知的新事物，時常要做出判斷與決定，並為自己的決定負責，還需要面向公眾／群眾。

我們都知道苗栗縣的政治環境與公共事務參與環境，長期處於惡劣的狀態；不過，這幾年自己返鄉從反瘋車到掀海風的歷程中，帶著讓苑裡更好、期待社會環境更良善的心情與理念來實踐理想，我與團隊、地方居民夥伴們做出很多自己也意想不到的事情。我深深感受到，做對的事還是能夠創造很多良善的連結，而且影響是一圈圈的漣漪，能到達我們未知的境地。

譬如一起舉辦經費民間自籌的海風季，或是結合社區支持型農業、學生課後輔導和社區服務行動的苑裡教芋部，以及文化基礎軟體建設的郭芝苑（一九二一—二〇一三）故居物件整理、數位典藏和轉譯應用，推動農村婦女培力課程，推動藺草產業復興，舉辦親子共學，或是舉辦苑裡各級學校的課程、營隊。同時，我們也在自己的能力範圍內，全力參與社會運動，譬如疫情期間發動共同連署反對苗栗縣長徐耀昌違法的「移工禁足令」，保留苑裡百年文資菜市場並且啟動重建的參與式設計討論。

處理公共事務難免遇到挫折，還要顧及自己的生存並不容易，但這幾年我們也透過苑裡掀海風的團隊運作、社區夥伴的支持、外部的肯定，找到了組織的平衡，並且形成地方共好的社群，創造了很多很棒的連結、也發展了很多很有趣的行動方案。

所以，我參選，並不是因為社區工作遇到瓶頸，反而是因為我深切了解每個社會位置的可能與限制，想要將不同的連結「點」與「線」，延展發展成「面」，希望能將心中苑裡最美好的未來圖像、對另一個美好世界的想像，能一步步運用不同的方式，將其實踐、著地。

隨著團隊的社會影響力增加，我們其實可以選擇睜一隻眼閉一隻眼，做好自己的地方創生團隊，但我們越來越發現不能夠只是安逸地在同溫層享受紅利，因為我們周遭的公共環境也正在變化著，並且有可能吸納與收編我們在民間野生有活力的力量。而這樣的改變，具體在於我們看到苑裡地景、市鎮整體的發展趨勢失去原本的歷史文化脈絡，我們看到政治與工程利益凌駕居民安居樂業的公眾利益，我們看到行政效能的低落在面臨變化多端的世界環境無力應變，當公共無法照顧大眾，而被漏接的邊緣社群生存處境更加辛苦。

苑裡是我的家鄉，也是我的長輩、下一代所居住的地方，我們希望苑裡成為一個什麼樣的小鎮，可以讓人們安居樂業，老吾老及人之老、幼吾幼及人之幼。

我在勞動階級家庭出生，爸爸意外離世，從國中就開始打工，大學畢業後，媽媽即久病離世，後來遠離家鄉，為了生活打拚，特別能感同身受邊緣社群、離鄉青年的心境。感謝社會運動的啟蒙，承接了我成長時的苦痛，並讓我長出新的視野去面對自己的生命經驗，也長出新的能量，去行動來改變自我和眾人的社會處境。我希望更多苑裡的長輩、孩子、青年與我一樣，能一起長出完整的自己，以行動促成互助共好的社會。

這幾天接觸社區夥伴討論參選，大家真情流露、誠懇真摯地討論政治，討論我們現實與心中的苑裡，討論我們希望的未來生活。於是，我們決定帶著嚴肅、但也不失玩性的心情準備一起打一場選戰。不只有我出來參選鎮長，還會有更多的夥伴們將陸續宣布參選。

我們的參選是與小鎮一起的民主學習與練習，是公民社會形成的過程，所以團隊合作大過於英雄主義，願景形塑與民眾參與，大過於開空頭支票和空泛討論。

可能會有很多人跟我們說，選舉無法兼顧理想，會遇到很多的困難與挫折，但我們相信與珍惜每個人在這個參與民主練習過程中的改變，以及因為相遇、認識、理解和形成對彼此的信任，人們可能因此產生新的社區關係和新的政治身分，種下一點點草根民主社會的種子。我們希望苑裡小鎮的人們能看見彼此的異同，並在異中求同，同中求異，動態的來回對話，創造一個由下而上的草根民主社會。

我會秉持在掀海風做事的理念，不忘初衷。我深切知道，再多的利害盤算、政治盤算都不能失去對人的尊重和良善對待。此外，工作空間尺度擴大到苑裡鎮規模後，我們需要組織善用不同專才的人，提出更好的小鎮規劃、政見，並且藉由這個過程，接觸到更多苑裡居民的心聲、聽到更多人對於地方的想法。

九月三日海風季結束之後，我將開始跑苑裡鎮二十五個里的行程，希望能夠用有趣、貼近在地的方式接觸到更多人，與更多人交流，打開更多可能以及討論地方政治與發展的空間。

選擇在八月二十六日公布這個消息（雖然一忙完晃眼就是二十七日凌晨）是相當重要的日子——

二〇一七年時我們從零開始，在苑裡沒有人知道什麼是藝文季的時候，辦了第一屆海風季。

二〇一八年的時候，八月二十六日我們開了苑裡第一家獨立書店。從零開始的每一次，主流觀點不看好的每一次，我們都突破了難關，是因為有社區夥伴的共同投入與參與。這次，我們也期待更多社區夥伴的投入與參與。

最後不免俗的，要說：

我是劉育育，我是苑裡人，我是今年的苑裡鎮長擬參選人。

我要與我們的社區夥伴們一起出來參選，一起參與民主學習，一起突破保守社會的想像框架，一起重新定義「地方」，一起行動來改變社會和改變自己。這次，苑裡將不一樣：野生民間力量集結，政治要有新氣象。

邀請你，一起參與這場小鎮行動。

草根民主團體戰

上面是我作為毋免拜託聯盟第一位宣布的參選人，對外發布的第一篇參選聲明。

但這場選舉，並不只是我一個人的故事，也是一場草根民主的團體戰，陸續我們也在網路公布鄭暉煌和吳若安參選鎮民代表的聲明。

鄭暉煌，作為我們毋免拜託聯盟的發起人，分享一段真摯的參選心路歷程和轉折，也深刻體現了我們一同出來參選的初心——「公民參與轉變地方政治」：

當時的我，每日每夜四處拜託，拜託候選人、拜託代表、拜託鎮長。在每天凌晨起床做完魚丸後，大約九點、十點時，都去鎮公所報到、了解市場進度。這段時間，苑裡鎮也經歷了一場地方選舉，我們以為會有改變，市場有機會做得不一樣。但是，這一聲聲的「拜託」，都只換到選前政治人物為了爭取選票、一聲聲「好好好」的口頭承諾；選後，政治人物握有了權力了，卻都兩手一攤改口說「無法度」。

我才深刻體認到，「拜託」是沒有用的，唯有公民意識的覺醒，公僕與人民的關係轉變，監督公所的力道出現，苑裡很多事情才會有進步改變。

語言的力量：不說「拜託」的公民練習題

在競選期間，我們嚴格執行一個原則：不說「拜託」，不管是在市場走訪拜票、還是台上喊口號，都不會將「拜託」兩個字說出口。新來的志工，有時候不小心脫口而出，也會馬上被我們提醒、溫和勸說。

我們相信，語言是有力量的。它構成、塑造了我們的世界，反映了我們的價值觀。對語言的輕忽，就是對理念的輕忽。練習不說「拜託」，是我們成為公民的第一步，它提醒我們，每一個人都有公民的權利與義務，政府和公民的關係也是平等的。

然而，這樣特殊的原則一開始並不容易執行，而且不只不能說「拜託」讓大家不習慣，我們的團隊名稱「毋免拜託聯盟」也不太好唸，不是傳統可以「喊」的口號，讓大家覺得很拗口，但反而也成為眾人討論的焦點。

曾經有次家戶拜訪時，遇到選民朋友跟我說：「人家說你們是『不用拜票』喔！這麼厲害，不用拜票也可以選上嗎？」我就會因此有話題可以跟他聊起來說，我們不是「不用拜票」，是「不用拜託」，以及這背後想要談的公民社會精神是什麼。

通常，大家聽完之後，困惑的眉頭會稍解，也會對這個概念表示興趣。

然而，其實不只一個有過選舉經驗的人，好心來勸我們，說我們這樣打團體戰，全部包裹成「毋免拜託聯盟」，這樣「看不到候選人特色」，勸我們還是要成立候選人個人粉專。因為我們一直用聯盟名義發言，到最後一天也沒有替個別候選人成立粉絲專頁，讓他們擔心極了。

但是，我們都堅持下來了，堅持這場選舉不是個人英雄的舞台，而是一場集體行動的實踐。如今，毋免拜託聯盟的粉絲專頁，依然偶爾會分享文章、舉辦活動，再也沒有人去說名字好不好唸、是否拗口。

一般來說，台灣的地方選舉，其實至少是要在投票日前一年，甚至是一年半以上，就要開始準備。候選人會提前拜會各方關鍵人物，頻繁出席地方社團聚會、公開活動，捐贈物資、包紅白包、露臉，並最後在適當的時機公布參選，接著投入大量資源製作看板、派送文宣、逐家逐戶拜票等等，有一套大家已經相當習慣的既定流程操作。

但對我們來說，如果要完全按照傳統的方式拜票，有許多違背我們自己原則、無法適用的地方。

而且，最重要的事情，是我們希望將選舉主軸放在政見說明、社會溝通，而不只是按照過往的方式宣傳、人情拜票。

且我們決定得晚、起步也晚，更為了要尊重每一個人的意願，我們遲至八月才正式決定宣布參選。當時，距離投票日只剩短短的三個多月。剛開始宣布參選時，大家都很緊張，因為從來沒有選舉過，我們都在想，到底怎麼做比較好？而且，一開始資源相當有限，我們該把力氣優先投入在哪？

為了善加運用這三個月，創造奇蹟，我們在兩三天密集的討論中，攤開苑裡地圖，也拉開月曆，有了地理和時間的感受後，進而擬定了三階段的戰略，並在接下來短暫的三個月，徹底的執行，動態彈性的修正、微調作法。

競選第一階段：穩定軍心

第一階段，我們將它定位為「穩定軍心」的準備工作。核心團隊必須先組建起來，由三位候選人加上發言人張斐瑄，一位負責競選辦公室行政工作的同仁，一、兩位設計師朋友願意隨時幫我們處理海量的文宣需求，一群願意隨時支援和討論想法的志工朋友組成。

我們承租、打掃了競選總部，原本不同群的人分散開會，改成相約在這個高度任務導向的空間集合。大家只要進來總部，牆面上的時間軸和地圖就會提醒我們要留心共同目標。

我在苑裡掀海風團隊的夥伴林秀芃，也協助培力志工組織，讓我們在週末、下班時間擁有強大的志工團隊，在每一次的拜票、掃街與密集的政見發表會中，都有一個工作準則，確保流程順暢，彼此互相幫忙。

人員就定位後，我們就捲起袖子投入工作，大致區分為：社群媒體、實體宣傳、家戶拜訪、政見發表會等四大塊。

開設臉書、Instagram、LINE等社群媒體工具是基本功夫。到二十五個里舉辦面對面的「政見說明會」，也是我們從一開始就確立的工作目標。同時，我也每晚繼續和夥伴們研讀資料、深化政見，希望每場政見發表會都能有更好的表現。

實體宣傳是大家比較熟悉的部分，也就是候選人必備的「掃街」活動，到市場、車站、夜市各地，與攤商、通勤族、鎮民朋友握手問好，甚至停下來交換對苑裡的意見，讓大家更認識我們。此外，候選人在上下班時間站路口揮手，加深大家的印象，讓大家熟悉我們，知道這場選戰有不同的聲音加入。

對我來說，這些舉手投足的瞬間、車窗打開時那短短的眼神交會，是真實的互動。無論是掃街、站路口，即使選戰分秒必爭，每一雙手互握、每一次目光相交，都應該被真心對待——這不是選舉期間的「制式動作」，而是展現誠意和與人連結的珍貴機會。

另外，當然還少不了拜會基層里長和關心公共事務的耆老前輩，向他們請益、爭取支持。無論是否能夠讓他們投票給我們，都是非常值得的旅程，我們也從中得到許多地方事務的寶貴知識。

在這個階段，我們本來打算不使用太多的宣傳品、甚至考慮不插旗子，但在經過勸說、各種權衡考慮之後，還是在大家的熱心協助下，有限度地樹立起旗子，也在熱情的鄉親支持下，掛起了看板。

說實話，第一次看到自己跟夥伴的臉，放大印出在從小生長的小鎮街道上，還真有點不好意思，又覺得不太真實。原來，這就是爭取自己鄉親支持、爭取服務地方機會的感覺。

不一樣的政見說明會

在第二階段，我們將工作目標定位為「加強宣傳」，加場舉辦政見發表會，實際到各里進行面對面的拜票「陸戰」行程，同時也加強「空戰」的網路宣傳。每天我們都盡量在網路上，貼出政見或三位候選人的相關內容。此外也要不定期舉辦直播，跟網友互動，增加大家認識我們的平台。

最後一個階段，各位都能猜想得到——選戰白熱化階段，對手可能對我們發動一些批評和攻擊，因此在這個階段，跟對手來回即時攻防相當重要。此外，前期做好的政見研究與實際聆聽到的選民聲音，也提供我們扎實的基礎，有底氣去回應對手的攻擊。

最後，當然是選前的關鍵時刻，要號召旅外遊子返鄉投票，並準備舉辦大型的「選前之夜」與車隊掃街行動。

如何兼顧宣傳目標、符合我們的選戰理念，還要在有限的經費與人力下順利執行，考驗我們返鄉以來的行動和努力夠不夠扎實。

短短八十八天，我們在苑裡的二十五個里舉辦了四十多場的政見發表會，而且每一場都不是靠免費的米粉、禮品吸引民眾，相反地，我們是場場講政見，起碼講一小時以上，講好講滿。講政見的方式也很簡單：認真製作簡報，善用數據和圖像，好好說理給大家聽。

我們在每一場政見說明會分發圓點貼紙，讓大家最後離場前，只要貼上貼紙，就能表達自己對剛才分享的哪一類政見最有感、覺得最重要。透過知情、表意的類審議民主討論模式，讓我們收集到一些最初步的政策分析研究資料，了解大家的意向，幫助我們修正政見方向。

不過，這樣的作法和投票方式，一開始也招來一些熱心的建議。很多人說我們不切實際，說政見發表會這樣搞得像上課，「講太難」根本沒有人要聽。我知道建議的人其實是為我們好，擔心效果不佳，比不上煽情的演說跟「喊芭樂票」來得動人。但是我相信，只要我們好好解釋，一定有人願意聽。

此外，政見發表會上長輩們覺得很怪的事，除了我們不喊「拜託」，我們也不在任何集會的最後喊「凍蒜」。我們希望能一起喊有訴求、有意義的口號，取代「凍蒜」。因為改變政治環境需要大家一起共同努力，人民應該拿回權力，監督政治人物，也負起自己的政治責任。

所以我們改喊「政治新氣象、苑裡不一樣」，說真的，大家喊起來當然沒有「凍蒜」、「拜託」聽起來熟練，但這種「不熟練」，也是我們一起前進的重要一步。想改革讓人習以為常的地方政治，就要從讓人習以為常的口號改起。

像這樣「不一樣」的政見說明會，大約走到第三、第四場，就已經跌破許多人的眼鏡，我們自己也嚇了好大一跳。

從前面的幾場政見說明會開始，就是場場爆滿，甚至還有超過百位民眾參與的紀錄。必須事先說明，我們沒有所謂傳統的「樁腳」，所以到場的民眾都不是樁腳動員而來，而是透過我們努力勤跑家家戶戶拜訪、站路口、市場與夜市掃街拜票、義工塞傳單，還有以小額民眾政治獻金的費用租宣傳車，一個一個溝通，讓鄉親朋友們願意走出家門，前來聆聽我們的政見發表會。

每一次政見發表會，雖然因為人潮讓現場有點小小悶熱，但都可以感覺到，即使是最後一排的鄉親，也都有在專心聆聽。也有工作人員告訴我，他在活動中心的角落，聽到兩位阿姨非常專注地討論我的「教育」政見，因為這跟她們在孫子幼稚園感受到的問題相當類似，她們非常有感。

每一場政見說明會結束時，我看到現場的長者捨不得離開的樣子，最後把自己手上的圓點貼紙，貼在他們關注的政見議題上面，表達自己的意見，真的表現出參與感，也讓我獲得滿滿的感動。

認真說話給鄉親聽

說起來，我們做了什麼很厲害、很神祕的選戰策略嗎？

沒有。其實就是扎扎實實地跑、好好地做簡報、認真說話給鄉親聽，每場都「相信他們聽得懂」，盡力讓他們更加聽清楚自己想說的，就這麼簡單而已。

我們不會先去預設鄉村地區的選民不想好好討論政策，也不因為害怕失敗而改採取「看起來更有用」的傳統選法。當然主要也是因為傳統選法實在太花錢，我們用小額募款來打選戰，根本沒有本錢這麼做。

我們這樣的理念貫穿整場選舉。舉例來說，我們第二場政見說明會，就選擇辦在苑裡戶籍人口數最少、僅五百六十九人的石鎮里，也就是長輩們口中的「石頭坑」。石鎮里是苑裡鎮人口最少、聚落型態屬於散村的里，從傳統選戰的角度來說，跑家戶拜訪會被人笑是「沒有效率」的行為。但是我們深信，每一個聚落都有它獨特的DNA和魅力，有特別的需求與挑戰，我們願意認識每個里、每個聚落的獨特聲音。

站在這個角度，就沒有哪一個里是「跑了沒效率」。

因為這種不同於傳統的選法，聽到有人轉告網路上關於我們的負面宣傳，說我們是「不要拜票聯盟」、或是「他們就不要票」，各式各樣的說法都出爐了。

我們透過走路拜票來打破謠言——毋免拜託的意思，是指當未來我們成為人民的公僕，人民「不用拜託」我們，對的事情，我們一定會來做，而且絕對有專業、有能力做到好。

從登記參選開始，我就很喜歡走在苑裡的大街小巷當中，跟在地的居民互動、聊天，原來有這麼多從來沒有走過的苑裡街道，原來有這麼多沒有去過的苑裡角落。彷彿回到了當初掀海風創立時，我們在苑裡進行田野調查，同樣滿滿的收穫、滿滿的回饋與鼓勵，不一樣的是，有了候選人的身分，更可以跟大家開啟討論，聊聊苑裡的未來與發展想像。

最有趣的是，果然跟我們預想的一樣，拜票過程當中，「毋免拜託」聯盟的理念成為我們很重要的話題，這句標語能夠引起大家的好奇、討論，真的是太好了！

面對黑函和不信任

然而，選戰當然不會只有這些感人、光明、正面的一面。雖然早有心理準備，但攻擊與「黑函」真正來臨時，還是讓我有些傻眼。主要是指控的內容實在太過荒謬，我想都沒想過，過度偏離事實，讓人一時之間還真有點不知道怎麼回應。

譬如說，因為我的對手、前任鎮長也姓劉，就有人謠傳他是我叔叔，說我以晚輩之姿出來挑戰長輩，是無禮、不孝。

為了這個傳聞，我家的長輩甚至也出面澄清了好幾次，但一直到選前的最後階段，依然有人相信這個謠言，讓人無語問蒼天，長輩還氣到直接貼出祖先牌位的照片。

還有一些不知道從哪裡來的消息，開始透過耳語八卦的方式流傳，說我是「統派」，國家認同有問題。一開始我並不打算回應這類毫無根據的攻擊，我覺得這種逼人表態國族立場、質疑身分本質論和思想檢查的方式，很暴力、也很不對。我認同前總統蔡英文說過的一句話，在台灣這片土地上，沒有人需要為了自己的認同道歉。

此外，我覺得我在苑裡掀海風過往投入的文化、教育和社區工作，例如推廣台灣音樂家郭芝苑的作品，一向呈現我的價值、想法和觀點，我的參選政見也寫得非常清楚——鄉土關懷就在我行動和思想的核心裡。然而，在選戰的最後階段，我還是為此寫了一條非常簡短的回應，跟大家說「我是苑裡人，我是台灣人，我的國族認同，不是統派」才能杜絕謠言的中傷。

除了這些讓人莫名其妙的黑函，我最難過的，還是地方上對「年輕單身女性」的不信任。

出來選舉之後，我最常被問的兩個問題，就是「你幾歲？」跟「你結婚了嗎？」當我回答「我三十五歲」時，很多人就會說，哇，你還很年輕。稍微比較不認同我的人，就會說：「這麼年輕也想來當鎮長，你再等幾年吧。」

這時，我就要用我的學經歷、過往在書店與社區營造工作的實績，來說服他接受我。當然，說服選民、介紹自己，本來就是我的工作，大家對年輕人是否有足夠的能力扛下重任，如果有質疑，好像也是很自然的事情。

但是當話題轉到「你結婚了嗎？」大家很快又會說，「你三十五歲已經不小了，還不趕快結婚生子！」

這讓我很困惑，心想：原來，三十五歲的女性要擔任鎮長，算是太年輕；但要結婚生子，我又太老了。一位女性可以參與公共事務的年紀，究竟是在哪一個區段？還是，其實根本不存在這樣的區段？

難道我必須長到一定年紀，而且必須結婚、生子，才有資格參與公共事務嗎？這跟我認知的憲法理念、台灣民主體制對參政權的保障，其實有很大的距離。

其實，說這些話的鄉親，絕大多數都沒有惡意，之後很多人也成為我熱心的支持者，甚至幫我拉票。但我偶爾回想起這些對話，仍然不免有點難過。心情低落的時候，也會問問自己：如果今天我是男生，一切是否會不一樣？如果是還沒結婚的年輕男性出來選，他會面對「你可能能力不足」的質疑嗎？

雖然最後選舉的結果，證明苑裡鄉親依然選擇了三十五歲、未婚的我擔任他們的鎮長，沒有因此而改變他們的決定。但我總是希望，有一天，比我更年輕的女性出來時，可以不必面對這樣的質疑。

在寧靜中凝聚力量

選戰的白熱化階段，每天都彷彿作戰一般，戰況瞬息萬變，訊息量龐大且各種真假資訊滿天飛，考驗候選人和團隊的體力、心智、信任和即時反應能力。

很快地，在馬不停蹄的選戰行程中，選舉來到了最後一天。

選前之夜，我們選擇「寧靜遊街」的方式，用最安靜的行走、綿延的燭光，去回應選戰中的紛亂和惡意攻訐。

我仍然記得，那個夜晚，我們寧靜遊街的隊伍，走到苑裡鎮公所最後集結時，前鎮長大陣仗的造勢隊伍剛好路過，並刻意放大喇叭音量、高聲搖旗吶喊，試圖以聲勢壓過我們的士氣和麥克風的聲音。如果，威嚇有形狀，大概就是那個黑夜迎面而來的惡意。

但也就是在那一刻，鄭暉煌、吳若安和我，以及現場的支持者，選擇了靜靜看著這樣的隊伍從我們眼前走過，毫無懼色，沒有回嗆。我們只是重整隊伍，並專注地邁向最後一站，準備用手中的燭火排出「苑裡」二字。

在那一刻，我深受感動，因為我知道，在黑夜裡捧著燭光的我們，都是深信民主價值的人們。在民主的國度裡，未來的方向從來不是靠喇叭的功率，比誰大聲來決定的。因此，叫囂、吶喊、揮旗、威嚇，這些刻意製造的對立、聲嘶力竭的口號，不會改變民主前進的方向。

我很喜歡那一天的活動文宣，它寫道：

今晚，我們用手中的燭火，點亮苑裡的暗夜。

明天，我們用手中的一票，改變苑裡的未來。

前一天，我們從苑裡淺山地帶的「山腳慈護宮」走到鬧區的「慈和宮」，再到我從小到大點光明燈的「順天宮」，走過一處處的田間和小路，途經我們三位候選人出生、長大的地方，看著故鄉的山與海，感受到土地與神明的護祐，不知不覺之中，越來越多鄉親加入我們，將隊伍越拉越長。

最後一晚，再從順天宮聚集，我們一群人手中只有微弱的燭光，在行走中、在風中，沿途細心照料，我們一路走過鎮公所再到夜市空地，火光始終沒有熄滅。最後，空拍機由上而下拍攝，我們透過人和手中的光，排出「苑裡」二字。

歷經忙碌而充滿嘈雜聲響的選戰，沒有激情，沒有太多話語，就是「苑裡」二字，我們家鄉的名字，引領我們走到選前最後一夜。能夠有這樣安靜的時刻，我覺得非常感激，也覺得無限美好。

我知道，不管結果如何，我們確實已經改變了苑裡的政治生態。

書店是促成改變的起點

參政和舉辦這些活動，還是需要一定的地方基礎。

開書店，就是我們的地方基礎。其實，我也不只一次被問到：

「你覺得你的當選，跟書店有什麼關係？」

「真的開一家書店，就可以讓鎮民認識你、信任你，進而投票給你嗎？」

我的答案是：可以的。

我們在苑裡促成的改變，真正的起點，就是一間書店。不過，在開掀冊店之前，我們其實就是從一點一滴的田野調查開始，慢慢累積經營一間書店需要的社群基礎。

我們在反瘋車運動時，認識了農民、藺草編織阿姨等非常多的在地居民。一開始大家也會對我們有點印象：就是那群抗爭的學生、年輕人，有點像貼標籤，認定我們就是搞社會運動的年輕人，對我們有既定印象。但我們以田野調查展開工作之後，他們會開始慢慢有些不一樣的認識。

有趣的是，我與掀海風夥伴的秀芃、治明、佳昇、沛蓮可以在田野調查時互相搭配，因為我是本地人，苑裡鄉親們可能就開始盤問我的祖宗八代，「你阿公叫什麼名字？你媽媽是誰？你家住哪裡？」開始有親戚關係牽來牽去。或者說「你苑裡人應該都知道啊，你怎麼不知道？這是我們這邊的事情你也不知道喔？」

這時候我接著說「啊這邊有外地來的，你說給他聽」，阿公阿媽就會說得特別起勁，一方面說給外地人聽，又同時覺得有在地人所以特別親切。

其實老人家滿喜歡有年輕人在生活場域中出現，可是會擔心你賺不賺得到錢？會不會最後又回台北、台中去找頭路（台語：工作）。對於我們在做的社區工作不熟悉，也有些人是看好戲，又期待又擔心，到底可以待多久。鄉親對我們的質疑和擔心，其實都放在心裡居多，不會真的講出來，不過也還是聽得出來。連我自己的伯母都曾問過我：

「苑裡的高爾夫球場有在徵櫃檯，你要不要去應徵？」

社運給了我們滋養，就是每一個階段都要跟人家溝通，讓大家知道，改變還是有發生，哪怕只有一小步。譬如，我們如果帶了一團走讀導覽，原本上次只有十個人，這次卻來了一台車，這就不一樣。或是有大學願意來參訪、某某老師願意來看苑裡，一定要讓鄉親看見，讓他們有感，原來苑裡不一樣了，我們這群年輕人是「搞真的」。

人與人在此連結

一開始決定在苑裡開獨立書店時，鄉親們也聽不太懂究竟這樣的店，放一堆書是要提供「誰」什麼樣的服務。是書局嗎？有賣文具嗎？我們回說：「小孩可以來讀書，但沒有賣文具。」他們就說「喔那我懂了，安親班」。我只能繼續跟他們描述，我們心中希望書店能提供的多元服務。

舉辦海風季的時候，也遇到類似的疑問。大家不熟悉大型藝文季，追問我們有沒有免費的炒米粉、摸彩，我們說沒有，他們就覺得到底為什麼要辦、真的會有人來嗎？

這些不理解與困惑，是因為我們跟他們使用的語言不一樣，但是，等我們真的辦起來，用行動證明，鄉親就可以理解。他們會說：「不錯，辦活動很熱鬧！」當他們說「熱鬧」，就是跟我們的行動對上了頻。

透過書店、閱讀與藝文活動，讓我們人與人之間產生連結。十年前，我們最早一批工作夥伴返鄉／進鄉苑裡，並且因為打造一間書店的過程，我們留了下來，持續耕耘地方的文化，在家鄉營造一處「第三場所」，一個開啟人們之間的連結、公共對話、共同學習的場域。

因為書店，我們開始發展小小的社群連結，而且它會像滾雪球一樣，越滾越大。開設書店成為我和夥伴們在地方上走跳的「名片」，也累積社區的信任感。

此外，有了書店，我們可以陪伴苑裡的高中生一起面對大學入學的關卡，在他們成年、進入大學之後，又會回來成為我們的青年志工，讓志工團隊越來越壯大。

而書店除了賣書，還能替地方農友銷售優質的農產品、加工品，就算銷量不能與大通路相比，但卻意義非凡，也是我們與林清金等苑裡農友持續連結的方式之一。

我還記得有一次，書店旁邊的鄰居阿嬤在家發生意外跌倒，倒地呼救。幸而書店附近另一位身體不方便的鄰居，即時與書店的我們發現了不對勁，趕緊前往救援，並通知家屬，幸而沒有釀成悲劇。雖然一開始沒有想到，但，這也是一間書店能為地方做出的小小貢獻。

以閱讀和社區行動為核心的火苗，慢慢地、一圈一圈擴散出去，連結苑裡在地重要的文化故事和空間，舉辦各種活動，例如與家屬和協進會合作台灣音樂史上重要音樂家郭芝苑的故居音樂會，或是走讀、海風季，最後讓鎮上越來越多鄉親朋友認識我們、信任我們，再經歷了種種因緣，讓我們改變了苑裡的地方政治，也讓我有機會當上鎮長，與大家一同推動鎮務前進。

回想起來，看似小小的、藏在苑裡鎮上「巷仔內」的掀冊店，能做的、實際做到的事情，其實比想像中更多。而我相信，圖書館／書店能夠促成的公共改變，一定也會比想像中更大。

期待台灣可以成為一個閱讀風氣越來越蓬勃的國家。而在此刻，我所能做的就是繼續推動，讓苑裡成為一個越來越多人喜歡閱讀的小鎮，並且透過不同的閱讀方式來認識地方、交流觀點、理解他人，進而讓社會環境更加良善。

第二話
我的「反瘋車」運動

在一些訪問中，我多多少少提到返鄉參與「苑裡反瘋車」運動對我的影響。現在，我想寫一個屬於自己的版本，試著梳理歷史，也話說從頭。

時間回到二〇一三年四月，春天的末尾，因為看到新聞報導，我踩著好奇的腳步，來到台北市復興北路與長安東路的交叉口。

在我眼前的畫面，有點魔幻，讓我一時難以相信：在經濟部能源局的辦公大樓前，一群皮膚曬得黝黑、面容凝重的苑裡鄉親，已經在那裡沉默靜坐、絕食許久了。

車水馬龍的台北，依舊擁擠忙碌，旁邊有一間炫光四射的星聚點 KTV，映照在鄉親們憂愁無助的臉上。路過的民眾帶著好奇的眼神看著他們，卻沒有人停下來問候，甚至有人快速走過，好似避之唯恐不及。

高中畢業後，就離開苑裡北上就學、工作的我，有些陌生地看著這群與我來自同樣家鄉、土地的人們時，當時心頭油然而生一股害怕與悲傷：

過去，有多少像我一樣來自偏鄉的青年，遠來台北勞動，以為在這更進步繁華、更接近權力核心的台北，只要靠著自己的打拚與努力，就能安存於社會、出人頭地。這些現場抗議的長輩們，是否也曾經將年輕的勞動身體獻給了台北？這次遠道而來，是否仍希望坐在權力中心的台北官員，能夠看見他們的努力、聽懂他們的沉痛控訴？

然而，在這熱鬧喧囂的台北市大街上，我突然感受到，終究，我是來自偏鄉的孩子。羅大佑〈鹿港小鎮〉裡那句「台北不是我的家」，湧現在我的心頭。

「我和這群只有一席簡陋帳篷擋風遮雨的鄉親，就像螞蟻一般，聲音微弱不被聽見。有權力的政商結構，只要輕輕一捏，就輕易地碾碎我們單薄不值的生命。」

當天回去之後，我在日記本裡寫下這句話，同時感覺到自己內心深切的渴望：我想要陪同這群鄉親，踏上這條反瘋車的道路。我還不確定我能做些什麼，但我想跟鄉親們一起嘗試，在抗爭中共同前進、共同發展。

當時，我在新北市的蘆荻社區大學工作，是大學畢業後就進入的 NGO 組織。在那裡，我磨練了社區蹲點和日常組織工作方法，也時常反覆思考社會運動的樣貌為何？這次，面對家鄉反瘋車抗爭的行動召喚，我在蘆荻社大李易昆、莊妙慈和其他同仁的支持之下，決定留職停薪，正式告假返鄉。

形成苑裡的集體訴求

偏鄉，是遠離發展中心的鄉村土地。偏鄉有限的經濟活動，意味著相對原始、尚未開發的生態環境，以及比較「憨厚老實」的居民。在台灣過往許多開發案中，廠商即是看準這些特質，開始有了一些不正當的想法，想將鄉村土地當成他們事業擴張的「處女地」，過程中常常會有意無意繞過一些程序、規範與倫理，以追求這門生意可以成本越低越好、收益越高越好。

擁有天然優良風場的苑裡沿海地區，在當年被德商風力發電開發公司英華威相中，試圖在此設置風機，但也因為缺乏溝通，與苑裡鄉親爆發了激烈衝突。

持平來說，在二〇一三年的台灣，風力發電仍屬新興事業領域。不管是政府還是廠商，都缺乏經驗可以參考，相關的規範更是一片空白。

例如：風機對生態環境與人類健康的影響為何？風機與民宅之間合理的安全距離應該多遠？大型風機設立後，改變了海岸線的地景，這件事情我們該如何評價？居住在當地的居民，參與程序的權利有沒有受到保障？

要補充說明的是，在過往，「風車」常常被當成正面的設施來看待，很少有人想到它會給居民生活帶來負面影響。舉凡低頻噪音、炫影、景觀衝擊等，各種風機環境公害如今已經獲得廣泛報導，在當初，並不是這麼為人所知。

所以，一開始鄉親們確實不是非常清楚，這些大型風力發電機，究竟會給生態環境與健康帶來怎樣的影響。然而，透過鄉里間的親友消息，大家輾轉認識了台中大安、苗栗後龍等地「風車旁的居民」，才意識到風機設立可能會對自己的生活造成很大的影響。

在認識議題的過程當中，我開始思考：偏鄉的發展方向，是由誰來想像與執行的？地方鄉親的聲音，要如何被聽見與重視，民眾參與機制又該如何建立？而在當時，社會上支持反核的聲浪也同樣高漲，有些人將反風車運動與反核運動錯誤地對立起來，認為檢討綠能問題，不利於反核，這樣的迷思該如何突破？

除了這些思想上的碰撞，返回故鄉抗爭，也讓我有很深刻的感覺：在都會區，社會議題的抗爭可以號召到很多大學生、社會團體一起參與，換成在苑裡在地抗爭時，多半都是年長的鄉親來參與。

面對鄉親長輩，我的感覺並不陌生。他們跟我在蘆荻社大工作時，所遇到的三重、蘆洲地區學員很相似。在他們身上，我感覺得到歲月與辛勤勞動的痕跡，他們多半在很年輕時，便進入勞動市場求生存。他們可能在經濟上小有餘裕，並不是傳統定義上的貧窮人家，但卻沒有機會學習現代的公共政策、法律相關觀念，造成他們想要為自己在乎的公共議題發聲時，成為了相對弱勢的一方。

每一天，我也在體會自己參與在地抗爭的感受變化。對我來說，在地抗爭最辛苦的，不只是在議題上跟政治人物或特定企業進行角力戰，而是跟鄉親一起調整步調，如何在集體決策過程中，透過共同勞動、順應農村生活步調的組織型態，學習參與公共事務。

在這過程當中，我們能不能開放地看見自己與他人？在既有不對等的社會結構下，嘗試拿回自己失落的權力，並長出自己的主體，同時為這樣的權力學習負起相應的責任？從反瘋車抗爭開始，到現在擔任鎮長的每一天，我都不停地在思考這些問題。

當初，苑裡鄉親努力在資源有限的情形下，串連彼此、展開行動，勇敢走遍各中央部會，說出自己的訴求。在與政府機關不斷來回對話的過程中，我們也一路釐清、認識當時政府在再生能源政策上的缺失，進而喊出一個全國層次的訴求：要求政府制定風力發電機組的選址規範。

然而，最辛苦的戰場，其實不在台北街頭，而是在海邊的施工現場。

當時，由於公權力的缺位，鄉親選擇以「在施工現場二十四小時輪班守夜」的方式，監督廠商不得在有爭議的情況下任意開工。英華威公司雇用的外包保全，常常以直接動手拖拉鄉親與學生的方式，試圖排除我們，因而爆發劇烈的衝突。除了被打，我們還會被濫訴控告，每天提心吊膽，還必須常常跑法院。

內外情勢交攻下，我記得自己每天都疲憊不已。在某一天的日記裡，我這樣寫道：

……於工地現場高強度的肉身抗爭，人處在當下，內心幽微處的恐懼，大到能夠擊潰一個人的意志。而巨大的渺小感和無能為力，竟會鋪天蓋地地湧現，並淹沒一個人的生存欲望。

被反手上銬、遭到警察抬走的當下，靈魂像是抽離了軀體，我不知道我可以做些什麼，但我的意識卻清楚到不行。我不斷哭喊著：「英華威滾出苑裡！英華威滾出苑裡！」身體卻無法自主行動。在能源局前，那種自己如螞蟻渺小般的感受再現，赤裸直面這種恐懼的感覺，簡直讓人生不如死。

然而，也正是在這種極端痛苦的情況下，讓我與許多鄉親的生命產生了真實的交錯，感受到他們生命的力量，一點一滴給了我返鄉的勇氣。

就在我與警察激烈拉扯的那天，我突然聽見空中傳來一陣呼喊，像媽媽的聲音，急切又溫暖：「女孩子不要這樣抓，手會斷掉！警察你小力一點！不要這樣抓！不要這樣抓！」我感覺自己突然從鬼門關前被救回來，感受到自己被承接住。

「原來我不是一個人！」我當時心裡湧現這句話。

在混亂而難堪、讓人難以面對的抗爭場合裡，雖然看不清楚她的模樣，溫暖的聲響也沒有直接碰觸到我，卻意外地給予厚實的擁抱。我不只是我，是「我們」一起在面對抗爭中的處境與恐懼。

那天結束之後，我一直無法忘懷這份感覺，也萌生了組織阿姨們一起做些事情的想法，希望可以延續這股特別的力量。

樂於分享的婦女歌唱隊

尋訪阿姨們的過程中，我在西濱橋下的菜園，找到了陳秀鑾阿姨。當時我只是騎機車經過西濱橋下，卻聽到熟悉的聲音呼喚著「劉小姐、劉小姐」，我一聽到她的聲音，就立刻停下車子，一比對之下，果然！她就是在工地呼喊著警察、試圖保護著我的那位阿姨！

找到秀鑾阿姨以後，我很想跟她和其他阿姨一起做點什麼。我思考著，也許跟大家一起唱歌，是一件低門檻又有趣的活動。

帶著被拒絕的心理準備，我害怕又衝動地跑到苑裡街上的樂器行，買了一把口風琴，找出以前參加勞工運動時，全國關廠工人女工合唱〈抗爭這條路〉的影音檔，去拜訪秀鑾阿姨。

或許是因為我感覺到我們特別投緣（台語：合得來）吧？我一坐下來，就直接跟秀鑾阿姨說，我覺得抗爭的婦女們可以一起聚會，做些事情，讓我們更團結、更有力量。秀鑾阿姨馬上理解了我的意思，也細細詢問我參與抗爭的想法、過程，我們熱烈討論一起找婦女們來共同做事的可能性。

至今，我仍然對那天印象深刻。我記得，我們兩個大約聊了三個多小時。在這三個小時當中，並不是單方面由誰來遊說誰做事，而是讓一段相互信任、了解的關係開始萌芽。我們帶著開放的心情，認識對方的生命經驗，約定要共同學習，也願意進行深度的對話，讓「自己」現身。

這在人與人互動的經驗中，其實是罕見而珍貴的時刻，很不容易。也正是在這樣的基礎上，我們才能開展婦女歌唱隊的組織工作。

決定要組織婦女歌唱隊後，秀鑾阿姨找來了她的妯娌尤美阿姨，一起討論如何進行。我們帶著被打槍的心情，開始撥打電話，邀請隊員。秀鑾阿姨翻開家裡的電話簿，仔細分析每位左鄰右舍參與抗爭的狀態，再一一打電話探詢，敲定時間。撥完電話後，我們也逐戶拜訪大家，說明組成婦女歌唱隊的動機，並邀請她們參與。

婦女歌唱隊第一次聚會，苑裡沿海四里的阿姨們，最後來了十五位。我說明我們成立婦女歌唱隊的動機與意義後，邀請大家自我介紹。

說著說著，我發現其實參與抗爭的阿姨們不見得認識彼此，對於拿著麥克風說話與公開現身，也感到非常膽怯。然而，透過大家七嘴八舌一起改編歌詞、集體發想、歌唱的過程中，大家開始建立了關係，在關係之中，人也變得放鬆了。不知不覺之間，撐出了一個小小的、屬於女性的公共空間。

這些阿姨的丈夫們，多數也都參與抗爭，甚至是自救會幹部代表。不過，在一般的抗爭展演裡面，女性，尤其是鄉村地區的女性，多數是沒有名字，也沒有聲音的參與者。在這個空間中，阿姨們相互分享女性在抗爭過程中勞動、甚至家務勞動的辛苦與學習。婦女歌唱隊，開始成為反瘋車運動裡的一個小小組織，氣氛跟男性主導的團體很不一樣。

勇敢拿起麥克風和相機

「我不會講啦！我記憶力不好，又不認得幾個字，看到麥克風就會害怕……但是我很想學習。」這是婦女歌唱隊的阿錦阿姨（本名李錦雲）常常跟我講的一句話。

活躍的阿錦阿姨是自救會幹部的太太，每次只要接到丈夫從工地傳回來的訊息，就要負責打電話給全里的里民，一一動員大家參與抗爭。然而，隨著抗爭時間拉長、情勢看起來越來越不利，要再動員鄉親參與抗爭，真的是一件很辛苦的事情。

她曾哽咽地說，每當接到消息要動員，她總是得先對著電話深吸好幾口氣，說服自己好久之後，提起面對被拒絕的勇氣，用顫抖的手拿起電話，逐一聯絡左鄰右舍。

在高強度的對抗之外，幹部的家人，尤其是妻子，所承受的壓力是這種模樣。而阿錦阿姨來到歌唱隊之後，從一次次的對話、互動、歌唱的過程，也在逐漸克服自己的害怕，長出自己在政治行動中的主體性。

對我來說，這些都是永難忘懷的時刻。

有一天，反瘋車自救會要開鄉里說明會，我邀約阿錦阿姨，請她上台分享之前在某一場公聽會中，她所觀察到的一些細節。其實，我在相識之後，已經邀約她公開發言不只一次，她一再拒絕，但我總不放棄，用盡各種方法，帶動她上台說話。

但是到了那一天，我感覺她的眼神不一樣了。她的眼神裡面已經有了發言的勇氣，雖然口頭還是一直說：「不要叫我講啦！」但是，我的直覺是正確的。那一天，阿錦阿姨站上了一百多人的公眾講台，分享她在另一次會場上的所見所聞。

在那一刻，我站在台上，負責把麥克風遞給她。看著她從台下起身，拿起我手中的麥克風，緩步走向台前，一邊發抖、一邊講話，我當下既感動又興奮。說完話，她看著我點點頭，我給她一個開心的表情與鼓勵。我們彼此都知道，這一刻有多麼不容易。

「我們之間的關係、在這一刻的相遇，是那樣的美好！」回家以後，我在日記上這麼寫道。

經歷了這次經驗，阿錦阿姨對自己多了一些自信，但還是會常常說自己能力不足、做不到等等，不過，我最欣賞她的一點是，說出了自己的膽怯之後，她最後總是會勇敢堅定的說：「我想要學習。」而我總是回答她：「那我們一起學習！」

但是，阿錦阿姨就跟許多台灣年長的女性一樣，識字程度有限。我們該如何一起學習呢？除了用她習慣的台語來溝通，我們能一起發展什麼樣的工作方式？我自己也在想，我應該要學習、發展不同於傳統知識分子語言的工作方式。像阿錦阿姨這樣的女性，身上一定有不同於我的生存方法。

後來有一天，我突發奇想：影像也能說故事，何不鼓勵阿錦阿姨拍下她的抗爭生活？我把我大學時代的傻瓜相機，交給了阿錦阿姨，要她用自己的觀點拍下她所看見的世界，並且與她討論照片的內容。

慢慢地，我從照片中看見她所見的世界，她也發展出自己敘說的工具，一點一滴去突破「不識字所以不懂」的感覺。當她突破技術限制，學會使用相機的技巧和樂趣時，她開始在抗爭場合勇敢拿起相機，有了很不一樣的行動角色。

又有一次，我想起樂生院的口述歷史書籍中，除了文字，也有院區與抗爭的影像照片，於是便與夥伴林秀芃拿著書，跟阿錦阿姨以及她的妹妹育嫻阿姨分享。

透過照片，我們跟她們介紹，在這社會上其他角落也有許多被壓迫的人們，有些甚至處境比苑裡人更弱勢，但他們仍然為了家園起身爭取自己的權力。我到今天都記得，她們兩姐妹看著口述史上的照片討論，津津有味的樣子。看見照片上的樂生院民，雖然身體因漢生病（舊俗稱痲瘋病）而殘缺，但仍互相協助生活起居，並勇敢走上抗爭之路，這故事深深地感動她們。

這群能夠激勵他人、給大家勇氣的樂生院民，也深深改變了我。

第三話
與樂生院初相識

二〇〇六年四月二十六日，當年大一的我，第一次踏進樂生療養院。樂生療養院位於南新莊的小山坡上，現今迴龍站的附近，從輔大搭公車大約十分鐘不到的車程。

回想起第一次踏進樂生療養院，是因為當時的黑手那卡西成員莊育麟來到大學課堂分享，並邀請我們去院區看看，才促成了這段緣分。

樂生療養院，是日治時期設立的公立漢生病療養院。從日治時期到戰後，不同的政府一直採取同樣的強制隔離政策，以警察與保甲的力量，強迫罹患漢生病的病友入院。許多人都是在十幾歲的時候，就因為檢查出患病症狀，因而與父母家人分離。

在當年，人們對於漢生病的理解還不夠深入，不知道它其實傳染力極低，也已經有可以治療的藥物。因此，被檢查出確診的院民，不但被禁止離開院區，就算僥倖逃回，鄉里也會因為極端恐懼傳染，不願接受這個孩子回家。

種種條件相加起來，讓院民與樂生院的關係，超越了一般病人與療養院的關係。在我走進樂生院的時候，它還沒被捷運工程破壞得如此嚴重，有一塊戰後初期留下來的石碑，寫著「大德曰生 以院作家」。

「以院作家」這四個字，震撼了許許多多來到樂生的年輕人，包含我在內。

一九九〇年代，捷運新莊機廠選址於此，這表示樂生療養院要全數被拆除、鏟平。由於樂生院民並不是法律上的所有權人，因此不被認定是有權利知情搬遷政策的人，當然也沒有表達反對意見的餘地。

面對這樣的命運，院民曾經試著反抗，組織遊行、上街抗議。但當時的台灣民主制度，還不夠成熟，面對他們的陳情，新莊市代會沒有予以理會，甚至還出言奚落，說「痲瘋病人也學人家抗議遊行！」

從邊緣長出生命力

這些往事，都是我踏入樂生療養院後，聽著院民阿公、阿嬤們口述，加上當時其他學生收集的剪報，才慢慢知道。

我在樂生療養院認識的第一個院民，是黃文章，大家都叫他「文章伯」。文章伯擁有好客的個性、爽朗的笑聲，一點也不怕生，容易與人打成一片。我很快就喜歡上這個親切的院民。

文章伯能清楚、有條理地表達他自己的故事：從小時候生病被隔離到樂生院的往事，直到今天，面對要被強制搬遷出樂生，他為何對政府憤怒、究竟政府哪裡對待他們不公平、他們的人權和居住權為何被侵害，凡此種種，他總是手舞足蹈、十分有條理地講給訪問的人聽。他低沉渾厚的嗓音，更增添了個人魅力。

早年，每次樂生抗爭的場合，文章伯幾乎無役不與。他的手被病菌影響得很嚴重，不但沒有完整的手指，連手腕也折成不自然的角度。對於不了解這個疾病的人，乍看之下應該還是滿震撼。

但在抗議場合上，文章伯一點也不在意別人如何看待他的肢體。說到激動時，甚至還會舉起手，大力地揮舞，甚至把手重重地摔在桌子上，指著官員大聲控訴，表達自己的不滿。

流利的口條，加上令人印象深刻的肢體動作，文章伯得到了許多演講與受訪的機會。我曾經聽他說，經過每次抗爭，他不斷累積與學習經驗，更知道怎樣在短時間內表達自己的訴求，「要講重點、不要讓人家睡著」。

除了文章伯，我也很喜歡另一位院民，林却阿嬤。

林却阿嬤的風格跟文章伯完全不同，樂生運動開始的時候，她已經將近九十歲，住在院裡的「女生宿舍」貞德舍裡。

林却阿嬤身子瘦瘦小小、講話輕聲細語，雙手同樣因為病菌侵蝕而截肢，但不像文章伯還保留著一部分的手腕與手掌，而是雙手都整齊地截斷，沒有留下任何可以替代手指功能的肢體。

但是，她卻靠著這樣的雙手，加上特製的輔具，一個人安安靜靜地完成了所有的日常生活家事，並餵飽幾隻出沒在她房間的貓，很少勞煩他人。

林却阿嬤的存在，有著神奇的魔力。每次到她的房間，我總感覺進入了一個不一樣的時空，可以忘卻種種煩惱。有時候，阿嬤會把她自己的公炊（院裡統一訂購的便當）分給我吃，有一次，甚至想要拿她的營養品安素分我喝，把我弄得哭笑不得。但是，我明白，這是她接納我、在我面前很放鬆的表現。

我在林却阿嬤面前，也很放鬆。有時候，下午沒課，我就騎著摩托車，從輔大到樂生療養院去找她。兩個人什麼也不做，靜靜地坐著，也絲毫不覺得尷尬，有時候就這樣，兩人都開始在午後的太陽和風下，盹龜（台語：打瞌睡）了起來。

很多學生都喜歡林却阿嬤，或者應該說，有很大一部分的學生，是被林却阿嬤感召來參與樂生保留運動也絕不誇張。林却阿嬤只是輕輕地說一句，我快九十歲了，我想跟我的貓在一起，哪裡都不想搬，就讓許多人流淚，願意一起為了運動而努力。

這是一種人與人之間的奇妙連結感。當我們看見，在社會上如此邊緣、受盡歧視的院民，依然在艱困的處境中，以有尊嚴的方式生活下去，並且在一天一天的生活中，長出了強大的力量，毫不畏懼與主流溝通，大聲說出自己的訴求。這樣的生命，深深撼動了我，也撼動了許多年紀跟我一樣的人。

見證絕食抵抗現場

當時，運動的進程很快，沒有給我太多的時間盹龜與猶豫。二〇〇六年七月，樂生療養院接到台北縣政府（現新北市政府）的公文，明文寫著一個月內會拆遷院區建築，院民必須搬遷。當時，運動的學生組織「青年樂生聯盟」決定到國民黨部前絕食抗議，希望透過黨的力量，施壓當時國民黨籍縣長周錫瑋，暫緩拆遷決定。

「絕食靜坐，直到周錫瑋宣布暫緩拆遷為止。」

絕食是非常強烈的抗議行動。用自主選擇不進食的方式，讓自己的生命一點一滴地緩慢流失，創造一種不一樣的時間刻度，希望讓原來運轉的體制可以停下來。

包括我在內，應該有很多學生，一輩子也沒有看過真正的絕食者，只在媒體跟書本上看過這個詞。但是，很快地，我們即將成為發起這場行動的人。

我認領了「生活組」的工作，除了照顧絕食者的飲水，也同時負責替「非絕食」行動者購買食物與飲水。對一個大一學生來說，這並不是一份容易的工作。

台北的七月，天氣悶熱潮溼，現場的情緒緊張又浮躁，多數人的胃口都很差。如果是一般的企業或組織訂餐，也許買一些酸辣、清涼或重口味的食物，讓大家開胃就好了。可是，這是一個以「絕食」為主軸的行動，如果吃了太歡樂的食物，感覺很奇怪，社會觀感也不佳。

我希望支持在場的人，讓大家有體力繼續打持久戰，但又不願意浪費食物，更不想花太多錢。每一餐，都讓我跟我的組長、組員們頭痛不已。

然而，隨著情勢的進展，吃飯已經不是最占據我心思的事情。

四天的絕食靜坐，雖然在第一天晚上就得以與當時的國民黨主席馬英九會面，但馬英九並沒有承諾任何具體的事項，院民與學生決定繼續絕食行動。第二天、第三天，除了不斷爆發跟警察的零星衝突之外，看不到訴求有任何進展的可能。大家的情緒與理智都繃得很緊，幾乎到了臨界點。

在其中一次警察驅離行動時，一位院民、綽號「黑龜」的邱秀文阿伯，為了阻止警察搬動學生，突然脫掉自己的上衣、義肢與褲子，露出瘦弱而被病菌侵蝕殘缺的身軀，坐在最前排，口齒不清地說：「不要動學生，要動就先動我好了！」

警察也一時被震懾住了，稍微停下了手上的動作。而許多學生早已落下淚來，有人衝上去抱著他，有人又很快越過阿伯，擋在他與警察之間，現場一片混亂。

在那幾天，我感覺到了院民們的絕望。在體制照不到的暗處，他們什麼都沒有，只有自己的身體，扭曲地承載著抵抗的力量。

絕食行動結束之後，我整個人筋疲力竭，在朋友家睡了整整一天一夜才醒過來。眼睛一睜開，就被通知：周錫瑋到樂生院區參加活動，當場簽下絕不強制搬遷院民的公開承諾書。樂生拆遷的危機暫時延後了，也爭取到更多公共討論與公民參與的政治空間。

在參與激烈的絕食行動後，運動捲動了更多的社會動能，大家紛紛討論：還可以為樂生做些什麼？

在當時，我選擇的行動，就是加入了青年樂生聯盟發起的其中一項計畫：「新莊社區工作組」，希望能夠透過社區活動、社會溝通，讓更多的新莊居民認識樂生、理解歷史，進而支持樂生療養院的保存。

此外，我還在輔大校園內，跟一群志同道合的同學，舉辦了各式各樣的串連活動。現在回想起來，當初真的是活力非常充沛，我們舉辦了影展、連署、巡守

樂生療養院：
漢生病的活歷史

樂生療養院建於日治時期的一九三〇年，收容漢生病人在一九六〇年代晚期達最高峰，超過千人以上。一九九四年北市捷運局新莊機廠選址在樂生院，樂生青年聯盟和樂生保留自救會於二〇〇四、二〇〇五年相繼成立，爭取院民權益與樂生院劃設古蹟。此後院區一直在保留與拆遷間拉鋸，機廠工程甚至爆發走山危機。二〇一八年行政院核定通過「樂生園區整體發展計畫」，直到近期仍爆發抗爭基地蓬萊舍文物遭清出的爭議。

隊、課堂分享等各種活動，也想過用繪本的方式推廣樂生的議題。

因為我加入樂生保留運動的時候，剛好遇上了高峰動員期，我也被捲進非常前沿的行動中，因此，很快地，我就在密集的街頭抗爭與各種組織動員的運動中，迅速吸收了大量關於樂生的知識，也跟樂生產生了強烈的情感連結。在跟夥伴們的一起討論、行動中，啟發了我對社會運動的各種想像。

這對我是很大的衝擊，也是非常豐富的滋養。在這過程裡，我對於社會議題當中，被政治人物操作出來的虛假對立，非常不能認同。

以樂生療養院來說，一開始，大眾所接收到的訊息是「樂生不拆，捷運不通」。然而，隨著民間團體的發聲、抗議，公開揭露越來越多的資訊，大家才發現，其實有辦法可以讓公共建設、古蹟保存與弱勢人權三贏，只是確實要多花經費、多花時間。

政治人物明明可以說：在現階段的預算與時程內，我們做不到最理想的狀況。誠實透明地公開資訊，讓公眾參與討論、辯論，來決定我們想要的政策結果。

但是，最糟糕的情況，就是隱瞞一部分的資訊，不願意接受公眾的檢視與監督；甚至分化民眾，讓一群人盲目仇視另外一群人。這是讓我當年非常氣憤的地方，也相當程度奠定了我後來從政的信念：政策相關資訊一定要公開透明，不可以因為畏懼衝突，就鼓動民眾互相攻擊，好像台語說的「放狗互咬」，這是非常不尊重我們民主政治的行為。

最後，林却阿嬤居住的貞德舍，就不幸在當時政治人物的謊言中被拆除。

政府強制拆除貞德舍的那個凌晨，我記憶仍然鮮明。那是二〇〇八年十二月三日，凌晨時刻，天氣很冷，許多學生已經相約共乘，來到樂生院區貞德舍前。

平常照顧林却阿嬤起居、視她為母親的院民藍彩雲，提早喚醒了林却阿嬤，載她去另外一間房舍「怡園」休息，避免林却阿嬤因為強拆受到驚嚇。

十二月三日凌晨到上午，優勢警力在抗爭口號聲中，排除樂生保留運動的學生。怪手開了進來，這棟林却阿嬤和許多女性院民長年居住的貞德舍，以及許多其他院舍就被圍籬硬生生圍起，拆除工程正式開始。

我記得，整個凌晨，我和許多學生靜坐抗議、被警察拖走，再跑回去靜坐，手勾手、喊口號，再被拖走。沒多久，現場就用圍籬和警力隔離了房舍和群眾。沮喪之中，我也突然想著，林却阿嬤不知道有沒有受到驚嚇，趕緊跑去怡園找她。

林却阿嬤坐在怡園的椅子上，整夜未眠。她開口對我說的第一句話，竟然是：「啊，我剛剛怕你找不到我。」

「我不想搬家，但是貞德舍要拆了。」

卡拉OK事件的聯想

實際參與社會運動的經驗，讓我對「人」的理解更加立體，也對如何舉辦社區活動、做好社區溝通，有了一定的認識。說來有趣，帶給我最大啟發的，是黃文章阿伯的「卡拉OK事件」。

在我印象中，當年的樂生保留自救會需要舉辦聯誼活動的器材與空間，因此使用公款購買了卡拉OK機。結果，對於這台卡拉OK機到底應該放在哪裡，大家產生了嚴重的意見分歧。

不知怎地，卡拉OK機好像有一度放在文章伯居住的新生舍，導致一部分跟他關係比較緊張的自救會成員，認為他「自肥」，非常不高興。但就文章伯的理解，其實不是這樣，他完全無意占這個便宜。後來，卡拉OK機移到院內的福利社門口，一個相對「公共」的空間。

整個過程讓文章伯覺得非常不受尊重，加上自救會成員數十年來朝夕相處，就像一個村莊裡的鄰居親友，其實累積了相當多的情緒與張力。結果，就在社會運動的壓力、卡拉 OK 機所象徵的公共與權力、各種流言傳聞之下，文章伯怒而決定不再參加自救會的活動。

事隔十多年，事情的細節我已經不能完全記憶清楚，但經過大致是如此。這件事讓我看見了社區人際關係的複雜性，社會運動組織有多麼不容易，以及我們究竟需要多大的耐心與細緻的方法，才能讓工作前進一點點。

文章伯是一個非常敏感又聰明的院民，雖然就如他自己所說的一樣，沒有機會接受太高的教育，但他總是發揮街頭智慧，仔細觀察別人的言行，做出自己的分析跟判斷。因為信任我，文章伯常常把他的心得說給我聽，每次都讓我對於他的細膩心思又讚嘆、又佩服。

但是，與此同時，他也對於自己「沒讀冊」這件事情，常常感到自卑。在樂生保留自救會開會的過程當中，只要他自覺意見不受重視，他就會認為是因為自己知識不足所致，因而感到非常不滿，甚至憤怒。

為了彌補自己「沒讀冊」的缺憾，他常常會引用「學生仔」（樂生院民對於參與運動的學生親密的稱呼）來佐證、支持自己的想法，同時，他也非常在意學生是否常常到他家走動，以及是否有邀約他參與樂生院內的活動。

因此，卡拉ＯＫ機作為社區重要的活動設備，究竟放置在哪裡、靠近誰的院舍，關係到誰才擁有「靠近卡拉ＯＫ的權利」，也意味著誰是社區活動的中心。文章伯對此極為重視，也因此長期對此感到憤怒。他最後自己花錢買了一台卡拉ＯＫ機，放在自己的院舍裡，學生也集資送了他一顆五彩繽紛的「舞廳球」來增添熱鬧的氣氛。但是文章伯覺得「不受重視」的感受與情緒，並沒有完全受到安撫。

在當年的事件當中，我看見了每個人的性格、經歷，造成了他在社會運動當中不同的參與位置，也形成了大大小小的人際關係。我也深切感受到，雖然我們只是學生，但隨著運動的推進，我們已經不知不覺鑲嵌進樂生這個社群之中，我們的決定、選擇、行動，同時也會牽動院民的心緒、政治判斷與運動的走向。

社會運動是學不完的功課

也可以說，在這二十歲左右的年紀，我就已經開始練習，如何在一個社區當中去行動，跟比自己年長許多的人交朋友、應對進退，並考量其他人的狀態、立場和感受。雖然是非常青澀而不成熟的練習，但它毫無疑問就是一次扎實的政治練習。

現在回想起來，我當時真的是「想很多」，每一天都在樂生、在街頭、在社會運動的大小場合，接受很密集的刺激，讓我思考各式各樣的問題。

我常問自己：為什麼要參與樂生保留運動？為什麼要付出這麼多的時間與精力，投入一個看起來跟我沒有血緣關係的社會運動？我在運動的角色是什麼？

由於我跟樂生院民時常的接觸，經過相處與深度認識之後，我喜歡他們，也相信他們，認同他們提出來的運動訴求，我願意跟他們一起行動。因為他們展現出來的生命力量與智慧，支持我在樂生運動中不斷行動，也在行動中成長。

洗刷漢生病汙名的立法里程碑

二〇〇八年八月十三日通過的《漢生病病患人權保障及補償條例》，明訂回復名譽、給予補償金、醫療權益和安養權益四大項目，也公告遭強制住院者的補償金計算和申請辦法。對因隔離治療政策導致社會排除，身心遭受痛苦的漢生病病患，給與撫慰和補償，並保障他們的醫療與安養權益。

我有時候也會問我自己：那假設有一天，院民不在了、或者不再積極參與抗爭，那麼我的行動還有意義嗎？我所認同的樂生保留運動，只是建立在我認識的這些院民身上嗎？我跟樂生院民們的關係、跟社會運動的關係是什麼？我自己的主體性與認同又是什麼？

與此同時，我也發現，很多年紀跟我一樣的人，跟我的動力並不一樣。他們可能並不認識樂生院民，但是因為認同運動提出的「公共利益」目標，希望台灣更好，所以同樣積極地在運動中奉獻自己的青春與熱血。

對當年的我、甚至現在的我來說，這些都是永遠學不完、想不完的功課。我相信，只要曾經參與過社會運動的人，一定也都經歷過這樣的困惑。

身而為「人」的獨立性

而我所認識的社會運動，也不純然只有理想主義的一面，也有人們非常切身的財務、生計與養老議題。譬如說，在另一次的樂生保留自救會公開會議中，文章伯曾經對自救會提到，除了院區的保留議題，推動《漢生病病患人權保障及補償條例》立法工作也非常重要。

這個法案的精神，是仿效日本國家賠償的機制，對於早年遭受不當隔離的漢生病患，給予道歉、尊嚴恢復與賠償。原本應該是國家轉型正義工程的一環，也應該能得到大多數國民的認可。然而，因為台灣特殊的歷史脈絡與因緣，讓「樂生保留運動」與「漢生病友賠償／補償運動」同時發生，連帶產生了一些其他國家沒有的張力。

或許有人質疑：「院民出來要求樂生院區保留，只是要錢的一種手段？那給你錢，是不是就能讓你放棄保留運動的訴求？」

實際上，這其實是兩回事。我們過去習慣以「只是要錢」來簡化各式各樣運動的訴求，也是一種不正確的觀點，可能忽略每項運動背後的複雜性。再者，「要錢」這件事情本身，也有非常細緻的層次。如果這是基於人權遭到國家侵害，而提出的損害賠償訴求，那是天經地義、於法有據，不應該被汙名化。

不過，大家應該也可以理解，在運動的情勢很緊張的時刻，這類閒言閒語難免會出現，並給當事人帶來非常大的心理壓力。

因此，文章伯關於「賠償金／補償金」的訴求，在會議上遭到了其他人的負面回應。加上之前卡拉OK事件餘波，文章伯與一部分院民的心結並沒有解開，種種因素交織之下，他跟我說，他在會議上「氣到差點要翻桌」。

因為這一次的事件，他跟我說了許多他對「賠償金／補償金」的看法。

「我是一個無依無靠的人，」他說。

因為年輕時被強制隔離，許多院民跟家人的關係非常疏離，也沒有結婚。當他看著其他院民在老化過程中面對的重重困境，例如需要洗腎的時候，卻沒有錢可以接受好的治療、請好的看護來照顧自己。他感覺到自己的身體逐漸老化，也會很害怕，在這過程當中，他自己會遇到什麼樣的麻煩？到時候有沒有條件應對？

換句話說，錢對他來說，並不是要拿來消費、享受，而是關乎自己的基本生存條件與尊嚴，關乎物質層面的獨立。就如同他們的行動一樣，一切是在爭取身而為「人」的完整性與獨立性。

在當年抗爭的時候，有些人會批評我們說：「老人家需要的是靜養，怎麼可以帶著他們到處抗爭，讓他們很累？」

當然，每次他們要出門抗爭，都是一場對身體極限的考驗。他們的身體，受到疾病的影響而手腳不方便，到了台北之後，在政府機關前面表達訴求，或許會大太陽、或許會下大雨，都可能給他們帶來許多負擔與勞累。

但我認識的這群樂生院民，是為了爭取自己的人權、抗拒歧視與錯誤的政策，而自主決定要出門的強者，絕不是被學生「帶著走」、沒有主體性的弱者。他們很多人的精神，也在一次一次的抗爭之後，越來越振奮、越來越有精神。就像文章伯在接受紀錄片《樂生活》採訪時，他告訴導演，經歷過許多次與政府的對峙、談判，練習說出自己的訴求之後，「我感覺自己很有進步！」文章伯露出開朗的笑容這麼說。

樂生院民教會我的，不只是如何抗爭，還有如何堅持人的尊嚴與價值，為了自己，也為了更多人努力。並且，也讓我時時反思行動，思考什麼是正義，什麼是公平。

把不輕易放棄帶回苑裡

現在回頭看，在這過程當中，因為跟樂生運動相遇的緣份，我已經不全然是一個「政治素人」；在踏進苑裡反瘋車運動前，也已經不是一個「社運素人」。正因為如此，才有這些豐富的經驗與少許的工作方法（婦女歌唱隊、一起閱讀樂生口述史、鼓勵阿姨攝影）來返鄉工作。

這也可以解釋，在參選的過程中，為什麼我自己會很認同，應該要以不輕易放棄的方式，面對各式各樣的問題：

相信每一個「人」才是目的，不應該被犧牲。所以如果兩位候選人都想選舉，那就沒有人需要被「勸退」、「喬掉」，相反地，我們應該要加倍努力、堅持公平競爭原則，讓兩席全上，才是我們的目標。就算最後沒有成功，也是光明磊落。

相信每一個「人」都有機會改變，即使是被許多人視為弱者、身體不方便的樂生院民，依然可以透過行動而改變社會，也改變自己。而這樣的故事，又能再鼓勵識字有限的苑裡婦女，成為一個有自信的行動者。所以，在政見說明會上，使用「字很多」的簡報檔案，我一點也不害怕，反而非常有信心。

相信每一個「人」都能長出自己的主體性，真正良善的民主政治，不需要靠互相拜託，也可以前進一步、甚至是很多步。

從樂生保留運動到苑裡反瘋車，進而開設掀冊店，這段由社運到社區的旅程，讓我從一個離鄉的、有點徬徨的年輕孩子，長成了如今的模樣。

在開始鎮長週記導讀之前，我想再用最後一點點篇幅，來跟大家分享，在加入社會運動與社區工作之前，我是一個怎樣的孩子。

其實，我不是一個特別喜歡談論自己私事的人，但如果這樣的經歷，可以給類似生命經驗的孩子，在低潮時多一點勇氣、多一些鼓勵、多一些支撐下去的動力，我很樂意來分享。

像我這樣的孩子，遍布在台灣三六八鄉鎮的每一個角落，都有他們的故事。我希望在未來的台灣，我們也能創造更多空間，讓這樣的生命好好走向自信、茁壯，並且可以再為下一代的孩子帶來貢獻。

第四話

來自苑裡的孩子——藍皮小貨車上的家人與我

一九八六年，我出生於苗栗苑裡，是家中三姊妹的老大。

我的名字是特別的疊字，不太像一般台灣人會取的名字，在成長過程中，甚至有些朋友以為育育是綽號。但不是的，這是我的本名，是我老爸取的。他在取名的時候，希望我能夠「不要忘記父母的教育、不要忘記師長的教育」。有些人知道了之後，好奇問我：那兄弟姐妹的名字，是否也和我一樣是疊字且擁有特別的意涵呢？答案是否定的。我的兩個妹妹是雙胞胎，同樣也得到了爸媽精挑細選、算好筆劃與吉凶的名字，但就沒有如此深刻的期許和寓意了。

所以，從小我就很以自己的名字為傲。每次自我介紹，或是寫下自己名字時，都會提醒我：父母對我的深愛與期待，是我生命中獨一無二的印記。

出生以後，我們三姊妹與爸媽一起住在苑裡。我們的家屋位於稻田小路旁，是一排

「三連棟」最左邊的透天房屋。這三連棟，是由我爸爸和兩個哥哥們一起齊心協力蓋成。在三連棟蓋起來之前，我們劉家跟許多台灣農村家庭一樣，住在自己的「矮厝仔」裡。

拆掉矮厝仔時，我爸與兩位大伯特地留下了老家窗戶與大門的木材，重新嵌在新的透天厝上，陪伴我們劉家度過每一天。儘管那些木材早已老舊、也被白蟻蛀過，但他們依然捨不得丟掉，堅持重複利用。

當年嶄新的透天厝，有著他們三兄弟的齊心協力：老爸負責裝潢、二伯負責地板磨石子、大伯負責鑿井。他們三兄弟，把自己一身的工夫，還有對未來人生的想像與期待，全部投注在這緊緊相依的三連棟透天房裡。

除了短暫離開苑裡求學、工作的時期之外，只要我住在苑裡，我一直住在這三連棟裡，被當年爸爸與兩位大伯一磚一瓦打造的家屋保護著。選上了鎮長之後，這點依然沒有改變。

有時家中水電壞掉，請鎮上的師傅來修繕，他們都很驚訝，說從來沒見過任何一任鎮長住在這樣的房子裡。有時跟來過我家的朋友閒聊，他們會說，「政治人物不是都應該住在大馬路邊，那種很氣派的新房子裡嗎？方便人家停車、客廳可以泡茶，大家來『喬』事情……。」

我總是笑笑地說，我不是那樣的政治人物，大家不需要來我家客廳喬事情，而且我也不想換房子。儘管老房子住起來多多少少有些小問題，但睡在這裡，我就能感覺無比地安心。

爸媽與身為長女的我

爸爸出生在一九六〇年，正是台灣經濟開始起飛，人們漸漸離農轉工的年代。

爸爸和兩位阿伯都沒有承接阿公的農田，而是改做其他工作。爸爸國中畢業、當兵退伍之後，就跟著木匠老師傅學習。許多他的老朋友回憶，爸爸個性非常能吃苦，肯蹲、肯做，人不太說話，但個性很敦厚，最重要的是他非常誠實，值得大家的信任。

參政之後，我在一些場合意外遇見父親的老友，他們總親切地叫我「德國ㄟ」的女兒。他們說，因為父親當年做木工的時候敬業負責、做工細膩精準，大家幫他取綽號，喚作「德國ㄟ」。他的作品口碑很好，也跟著同一個師傅的團隊，穩定共事二十多年，讓我們家的經濟來源非常穩定。

長大之後回頭看，真心感謝自己出生在木工之家，因為家裡的家具、裝潢，只要是木作的，通常出自父親的雙手。即使父親早已不在，但這些出自爸爸巧思、巧手的作品和溫度，仍支撐著我的生活起居。

我的媽媽是大甲西岐人，外公擔任過農會的理事，外婆是從苑裡嫁到西岐，兩人把六個小孩拉拔長大，栽培阿姨、舅舅一個個就讀大學。記得媽媽說，她雖然算是家中不太會唸書的小孩，但因緣際會，在家中一段經濟比較辛苦的期間，她曾經跟著外公到田裡幫忙農事，因此特別受到外公的疼愛。

媽媽高職畢業之後，沒有繼續升學，到工廠工作兩年後，就遇見了爸爸。

媽媽回憶，他們兩人開始戀愛、論及婚嫁的時候，外公其實一開始並不樂見。畢竟是自己特別疼愛的女兒，總是希望嫁給好人家，不必吃太多苦。但爸爸的學歷比媽媽還低，只有國中畢業，劉家的經濟狀況，也還是比媽媽家差一些。外公心裡難免擔心，女兒嫁過去這樣的家庭，是不是要吃苦？

然而，因為大家都看得出來，爸爸真的深愛著媽媽；充滿少女情懷的媽媽，也展現出「非君不嫁」的堅定態度。加上爸爸為人真的很老實可靠，這才讓外公外婆點頭答應婚事。

媽媽結婚後的生活，就與「家庭即工廠」時代（註：一九七〇年代製造業出口導向下，工廠常把半成品的加工外包給一般家庭）的許多婦女一樣，雖然辭掉工廠工作，在家照顧孩子，但依然要接家庭代工來家裡做，貼補家用。媽媽當時接的是車塑膠布料的工作，一邊替客戶縫補他們所需要的塑膠布，一邊照顧我，以及小我兩歲的雙胞胎妹妹。

說起來，爸媽所從事的產業，當然算不上什麼高薪或光鮮亮麗的工作，我們家也絕非富貴之家，但在我印象中，我卻從來沒有物質匱乏的感覺。也可能我們鄉村的小孩子，願望比較單純樸素，就我記憶所及，只要我們開口想要的東西，爸媽都會盡量滿足我們，從來不會讓我們覺得，自己需要因為家中的經濟狀況，而壓抑自己的物質欲望。

長大以後，漸漸了解台灣的經濟發展狀況、爸媽本身的階級與財力，才明白這無憂無慮的童年，其實是爸媽努力守護我們的結果。

當然，在這過程當中，媽媽也承受了大家庭媳婦的壓力與辛苦。

剛剛一開始說過，我們劉家的房子，是由爸爸與兩位阿伯興建的三連棟，三兄弟一人一間，希望兄弟感情永遠不要分離。站在男性的立場，這確實是一份溫暖又令人安心的兄弟情誼，反映在空間形式上，也是以維繫劉家兄弟關係為主要方向的規劃。

不過，住在裡面的媳婦們，難免就比較辛苦了。

爸爸白天去工作時，媽媽一個人在家帶孩子，面對住在一起、屋院相連的公婆與妯娌，難免有些摩擦。這當中，充滿了各種清官難斷的家務事與情緒，相信所有的台灣人都不陌生。

再者，我大伯、二伯都有生男孩子，唯獨我們家這房生了三個女兒，在過去重男輕女的時代裡，難免被人看輕。

作為長女，我就跟所有的老大一樣，對於爸媽與他們兄嫂偶爾的緊張關係，從小都看在眼裡。但爸爸的個性確實十分敦厚，而且作為小弟，他還是恪守傳統倫理精神，十分尊重長輩與哥哥。從小，他就不斷教育我，無論發生什麼事，一定都要抱著善念與尊重的態度，好好禮敬、孝順各家長輩。

與此同時，爸爸也沒有為了長輩委屈媽媽。他依然跟婚前一樣，非常疼愛媽媽，把媽媽像寶貝一樣捧在手掌心上，讓我們家的氣氛始終充滿了信任與愛。

從小，我只知道，身為老大的我，父母給了我比兩個妹妹更多的疼愛與期待。但在長大之後，開始漸漸體會到，那是他們兩個齊心協力，兩肩扛起複雜的家族關係、工作的壓力，抑制自身發展的願望，在各種矛盾的情感之中，給我們撐出了一個自在生長的空間。

我隱隱約約感覺得到，家裡並不真的像我小時候以為的那麼有餘裕，爸媽的安靜與溫柔背後，其實有相當辛苦的一面。

當我意識到這點之後，我就想要發憤圖強，用我的方式去分擔爸媽的重擔。雖然爸媽從來都不會管我考第幾名，但我總是努力唸書。我知道，只要我成績好，就能讓平日沉默壓抑的爸媽，可以難得驕傲地去跟旁人說：我家女兒很優秀，比我們更優秀。

五人座藍色小貨卡

但與此同時，青春期的我，也開始對爸媽的「平凡」有了一點自卑感，甚至產生了一些嫌惡的感受。

在我的記憶中，我們家曾有過一台藍色的雙人座小貨卡，環繞著這台小貨卡發生的故事，很能說明我糾結的感受。我覺得，這同時也是一個經典的故事，是在一九九〇年代到二〇〇〇年之間，像我們這樣普通的台灣家庭，在那個年代辛苦持家、養育孩子的歷程。

而像我這樣的孩子，又如何在成長過程中，面對著同儕比拼家中物質條件的壓力，從自卑、逃避，進而理解、和解，最後大聲說出：對，我就是工人家庭的孩子，我引以為榮。

我們家以前的代步工具，是一台兩人座的藍色小貨卡。

後面有充足的載貨空間，但駕駛座就只能容納兩個成年人安坐。在我們小時候，尚可擠下兩大三小五個人，但隨著我們一天天長大，這空間就顯得很困窘了。

為了解決乘坐問題，爸爸盡量用他的木工專業，硬生生把前座打造成一個五人空間。在正駕駛與副駕駛座的中間，爸爸用一片很堅固的木板墊著，當做小妹的座位；這塊木板和座位的接合處，是我大妹的座位。接著，媽媽緊緊貼著大妹坐，而我坐在媽媽的腿上，如此這般，就可以順利上路了！

但到後來，我們越長越大，別說那些木板隔出的縫隙，已經塞不下兩個妹妹，坐在媽媽腿上的我，頭更是頂到天花板。而媽媽的雙腿，也開始承受不住我的重量。每次出去玩，或者參加家族聚會，媽媽總是碎唸爸爸：之前叫你買小客車，你就堅持要買這輛。

我們也開始不願意一起坐爸爸的車出門，我記得，大概在國小五六年級，我就不喜歡坐爸爸的車了。有時下大雨或颱風天，他到學校來接我們下課，我都會覺得很尷尬、丟臉，很怕被同學看到。為什麼別人家的爸媽，可以開一般的自小客車來接他們，我們家的三個大孩子，卻要擠在小貨車裡？

我還記得有一次，我們全家一起出門，再度一起擠在車上。半路上，前方出現一台普通的小客車，車子裡的兩個小孩，舒服地坐在後座，回頭看著我們、指著我們笑。爸爸就半開玩笑說：你看，前面的人在笑我們車很擠。

但是，爸爸當初選購這台車，是因為他的工作需要。作為一位木工師傅，他常常需要到不同的地點工作，車子必須有充足的空間放他的工具、材料與其他大型物品，這對他來說比較方便。

對於我們的不舒服，爸爸也放在心上。他其實一直有想換車的念頭，爸爸他也明白，小孩都大了，因為車子的關係，大家越來越不喜歡全家一起出遊。但他非常猶豫，因為一台可以兼顧家人與工作需求的休旅車，要耗費百萬以上，對我們家的財務是個沉重的負擔。

在爸媽的心中，有好幾項財務計畫同時在考慮與斟酌。他想加蓋家裡的三樓，讓日常空間更寬裕一點；他還想替我們買土地、蓋房子，留給三個女兒一人一間遮風避雨的後頭厝。

要先買車？先加蓋三樓？還是先幫我們三個買地買房子？相信這幾個問題，徘徊在爸媽心中好長一段時間。也是台灣許多普通家庭的父母，為兒女操煩了半輩子的事情。

爸爸看車看了很久，在很長一段時間裡，家裡有好幾疊車子的型錄。假日，他也會帶我去看車，問我喜歡哪個款式？但在同一個時期，爸爸也曾經拿著存款簿跟我說，他希望可以存夠錢，然後幫三個小孩各自買地，讓我們擁有自己的房子。

後來，我問過妹妹，記不記得這段時期的往事？妹妹告訴我，爸爸有問她：比較想蓋三樓，還是買房子？

經過我們的比對，慢慢拼湊出回憶的拼圖：三個小孩越長越大，不只開車出遊很擠，在家裡三個女生睡一間房間，也是很擠。隔壁的大伯和二伯，老早就在原來透天厝的基礎上，加蓋了三樓，爸爸也想給我們更舒適的休息空間。

後來，爸爸沒有買車，選擇了加蓋三樓。這應該讓爸爸的積蓄少了很多，換車的願望，也就始終沒有實現了。

體會家庭的不同形狀

二〇〇二年，爸爸意外去世，得年僅四十一歲。那一年，我正要上國一，正是最不安的青春期。

直到今天，我依然記得那一天的慌亂與無助的感覺。那一天的痛與不捨的感受，直到今天，我都很難平靜地去回想。

但是有一件事情，我很願意說出來，跟大家分享。因為我接下來要說的事情，不僅僅是關於我個人的經歷，相信也是每一個台灣女兒都曾有過的心痛時刻。

在告別式上，按照台灣傳統禮俗，因為我爸爸沒有兒子，葬儀社很理所當然地說，那就請你阿伯的兒子，也就是我的堂哥，作為姓劉的男丁，出來給我爸捧斗（註：捧神主牌）。

我聽了心想：我才是我爸的孩子，為什麼我不能給我爸捧斗，要交給別人代勞？這是照顧我長大、跟我們最親的爸爸，妹妹還小，我是長女，理應由我來送，為什麼因為是女兒，就沒有資格站在最前排送他最後一程？

當時的我，也不了解什麼女性主義理論，更不知道台灣已經有過婦運行動者爭取「女主祭」的歷史（註：習俗規定男性才能進宗祠祭祖，紀錄片《女生正步走——牽手催生女主祭》拍攝蕭昭君打破傳統、成為百年來蕭氏首位女主祭的故事），就是憑著一股非常簡單的直覺與深厚感情，堅定表達了我的想法：爸爸的斗，要由我來捧。

最後，喪禮那一天，是我淚眼捧著爸爸的斗，跟著媽媽、妹妹，送老爸走完人生最後一段路。那一刻，不僅是對父親的道別，也是我作為家中長女，肩負責任的開端。

家裡失去了爸爸，生活的經濟壓力開始落到我們每一個人的肩上。從他過世的那年暑假開始，我就開始打工賺錢，即使後來到台中唸高中、台北唸大學，我也一直都以半工半讀的方式，籌措自己的生活費。

就在我準備上大學的那年，媽媽因舊疾復發而倒下。她接受腦部開刀，展開化學治療與復健的漫漫長路。

二〇一〇年，我開始在蘆荻社大工作沒多久，媽媽也因久病而去世。這一路，多虧有外婆與我的信禎阿姨，感謝她們代替父母的角色，守護我們三個小孩子長大成人。

由於這段經歷，我在當上鎮長之後，無論是具體施政、公開致詞，乃至於每次的鎮長週記，只要提到「父親節／母親節」或者「邀請爸爸媽媽一起來參加」的時候，我都會特別小心用詞遣字。

二〇二三年的母親節，我也特別寫了一篇週記，希望能更細緻地闡述「家庭」的各種不同形狀。我希望能告訴跟我一樣的孩子：未來會好起來的，大人都會看顧著你。

在這世界上，並非每一個人都雙親健在。雖然在邏輯上，我們每個人都知道這件事情，但是，有時候還是不免忘記，依然常常以「大家都有爸媽」為前提，來進行思考與發言。

實際上，在台灣各個角落，存在著許許多多的「非典型」家庭。這樣的孩子，更需要我們細心地去注意他、照顧他的需要與感受。需要讓這樣的孩子知道，失去父母，並不意味著世界上再也不會有人愛你。

在選舉期間，信禎阿姨接受專訪，談她接受姊姊（也就是我媽媽）的臨終託付，扶養我們長大的心路歷程。她在專訪裡說，她想盡力替我輔選，就當做是她送給我的嫁妝。

許多人看完這篇之後，都留言或私訊告訴我，他們看得淚流不止。有些人跟我一樣，家裡有三姊妹，想起大姊的堅毅與承擔；有些人跟我一樣，父母早早過世，在家族長輩愛與疼惜之下，順利長大成人；有些人跟我一樣，擁有外婆與阿姨溫暖的愛。

像我們這樣普通的家庭，在小孩尚未成年的時候，就在十年之間，先後遇到父母亡故的巨變。如果沒有長輩與親友組成社會安全網，一起努力接住我們，真不敢想像，我與妹妹們的命運將會如何？

俗語說，養育一個孩子，需要全村的力量。我跟妹妹們，就是這句話裡所說的孩子。正因為如此，我內心一直有一個很強的動力：我知道我家的狀況不是很好，我接受到了很多人的幫助，所以如果我有力量的時候，我一定要幫助別人。

在高中升大學，選填志願的時刻，我雖然還未必很清楚自己有這個想法，但身體先幫我做了決定：

我選填的五個志願，全部都是心理系。我的分數帶我進入了輔大心理系。從此，我的人生暫時離開中部，來到繁華的台北，開始下一段旅程。

這段旅程，讓我踏上認識社會、以行動改變故鄉的旅程。今天，也回到最初的起點，把自己種回家了。

第二部

鎮長週記選讀

開場白：民主是每一天的練習

為了出書，我與編輯團隊仔細地看了過去兩年的鎮長週記。每一篇，都是我與團隊踏實走過的足跡，見證鎮務的推動與轉折。

一開始，我與團隊討論，希望落實「鎮政透明」的承諾，透過文字的娓娓道來，將鎮政的決策過程、政策執行的挑戰，由內向外，原原本本呈現給鎮民朋友，讓大家清楚了解鎮政進度與我的想法。也因此，週記成為我每週很有儀式感的工作之一——在禮拜天的晚上十一點到凌晨一點之間，將這週所思所想，仔細書寫出來，誠實面對治理的每一步。由於少有修飾與省略，篇幅往往動輒兩千字以上。

我沒有預料到，這樣的嘗試，竟然收到許多回應。

「鎮長，我有看你的週記喔！」

在許多活動場合上，不少鎮民朋友會主動與我分享。

除了得到肯定與鼓勵，也有長輩誠懇提醒：

「鎮長，可不可以請你寫短一點？因為文章有點長，看得有點吃力。」

甚至，我們發現，不少政治人物也會定時收看鎮長週記，關注這星期要談什麼主題。

用書寫帶動公共討論

漸漸地，這樣的書寫，帶動了更多人討論公共議題。鎮政治理，不再只是鎮公所的內部行政作業，現在成為大家都能參與和思考的一部分。

當然，為了每週撥出時間撰寫、修改、發布週記，勢必壓縮我的休息時間。但是我堅信，在社群媒體發達、短影音盛行的時代，週記這種「老派」的做法，能讓我在眾聲喧嘩中，安靜下來、沉澱思考，仔細梳理我們到底要怎樣的政治與未來。

此外，透過每週不間斷的書寫，週記的意義不只在傳遞資訊，更是一種節奏，一種穩定與信任的累積。我希望鎮民能感受到，我是一個願意與大家持續溝通、交流的政治人物，也是一個對每一項鎮政都深思熟慮、絕不放鬆的鎮長。

每一週的週記，像是鍋裡慢熬的高湯，沒有摻水、沒有速成，只有時間和經驗淬鍊出的真實滋味，濃縮了我在公部門的學習與實踐。週記承載著我對苑裡的承諾，也記錄著我對台灣政治與民主的思考。

接下來，我將大家很熟悉的地方政治關鍵字「送祝福」（俗稱紅白帖）作為「週記選讀」的開場。在這裡，我想跟大家分享，我自己對這個主題的思考軌跡。與此同時，大家也可以慢慢感受到，我想打造的「新政治」，究竟是什麼模樣。

我心目中的新政治，既要有溫暖的人情，也要有黑白分明的原則；可以有實際的考量，但必須保有不可退讓的法治精神。

在這篇週記「暖身」之後，我將以週記選讀的方式，呈現上任之後的六項重要施政與課題：市場重建、兒童參與式預算、長者活躍老化政策、韌性防災、建設與預算。

翻閱一篇篇週記，我其實相信，這不只是專屬於苑裡鎮的週記，也是一封邀請函：給所有關心地方政治與台灣民主發展的朋友，希望這些記錄，能帶給大家一些啟發，一起來動手創造屬於我們家鄉的未來。

2023．4．15
為哀悼送上祝福

大家好，我是苑裡鎮長劉育育。這個禮拜的鎮長週記，我想稍稍改變一下形式，專心跟大家聊一個我們上任以來相當重視、團隊用了非常多心力在對待的議題：送祝福。

乍看「送祝福」三個字，可能會不明白我們在說些什麼。其實，就是我們以鎮公所的身分，到鎮上的喪家處捻香、致意的意思。

在過往，台灣政治上會習慣說這是「跑紅白帖」，但我不太想用「跑」這個字。傳統我們說，必也正名乎，改變對一件事情的稱呼，不只是簡單的文字語言改變而已，它也代表我們對這件事情的態度有所轉變。

目前團隊送祝福的工作，是由鎮長辦公室團隊機要祕書吳若安和我一起分工進行。平日主要由若安，工作日以外的週末時間，則由我或若安送祝福。這樣的說法，是由若安在工作中的感受與心得而來（若安自己記錄下的心情，請看到最後）。它也成為我們鎮公所內部，對於參加白事的正式說法。

我們會在群組裡回報工作行程：「明天我要去送祝福」、「週末有三場送祝福喔」。若安也告訴我，她在送祝福之前，都會給自己一段時間，好好地安靜下來、調整呼吸與狀態，莊重地面對每一次的送行。

而我自己，也會在公務的空檔或是休假日前往喪家「送祝福」。有一天休假日，我與祕書一起到十二家鎮民朋友家中送祝福，向家屬致意。在這過程中，我們發現，在非公祭的時間拈香，有更多的機會與時間，好好與鎮民朋友互動交流。

有時候，喪家會準備茶水邀請我們坐下來聊聊，向我們分享述說他們的家庭故事，還有對於苑裡發展的期待。我也常常感受到：喪家的悲傷其實需要透過這樣的敘說，我們有緣一起整理思緒與情感，踏上由哀悼到告別的過程。

在送祝福的過程中，透過種種傳統儀式，我們產生了人與人的連結，這也是一起面對生命當中告別與生死課題的一種方式。

在我送祝福的時候，我心裡明白，我所代表的，是鎮公所給每一位鎮民的慰問致意。因為擔任鎮長，就是我們鎮上「公部門」的代表。有些朋友也勸過我，應該要更頻繁地出席捻香、公祭的場合，在人情上，大家會期待鎮長出席，也讓喪家得到更好的安慰。

其實，如果時間允許，我也很希望可以親自到每一位鎮民朋友的家中，握著家屬的手，陪伴這巨大的哀傷，好好地跟每一位親友聊聊往生者生前的行誼。

但是，我也在思考，既然作為「公部門」的代表，鎮上的公務，仍然必須是我的第一要務。如果每一次都要我到場，恐怕會有許許多多的工作進程，就必須往後延；又或者我會無法親自參與重要會議，必須指派其他同仁參與。

這是我所不願意的、相信也不是鎮民朋友們樂見的情況。也正因此，若安才會一起分擔這項工作：代表鎮公所，去到每一戶需要的人家中「送祝福」，好好地送往生者離開。

一開始的時候，若安也告訴我，她其實覺得壓力非常大。因為她知道，大家比較期待能看到鎮長本人出席。「我真的能代表鎮長，做到好好送祝福的工作嗎？」若安為此苦惱了很久。

不過，後來我們慢慢、慢慢地討論釐清：若安代表的，其實是「鎮公所團隊」，而不是鎮長一個人而已。

每當有鎮民離開我們，鎮公所都會準備奠儀，由里幹事來交給家屬，里幹事也會特別關照家屬，是否有需要急難救助的情形；鎮公所內的同仁也會以虔敬的心，用毛筆繕寫輓聯，親送到喪家，表達鎮公所的哀悼與關懷。

在這個意義下，若安作為團隊的一分子，在現場送往生者一程，也是團隊表達心意的一環，而不是鎮長作為政治人物的「代表」或「分身」。換句話說，她所代表的，是鎮公所（與鎮公所背後所代表的全體鎮民）來向喪家致哀。

如此一來，若安就對自己的角色更能安心，也更能好好地、專心地去代表鎮公所團隊，給往生者送上祝福。

而我作為團隊的一分子，也仍然會有代表鎮公所來「送祝福」的時刻。我的心情跟若安一樣，都會先整頓好自己的狀態、好好地來送別往生者、好好地跟家屬來致意。

對我來說，人與人的接觸，遠比「有被看到出席紅白帖」更重要。

本週的週記，也附上若安寫的心情日記，讓大家更理解我們每一次「送祝福」前後的歷程：

送祝福（吳若安／苑裡鎮公所機要祕書）

上任後，我以機要祕書的身分參加鎮民的公祭儀式，以往很少參加公祭，但現在以公務人員的身分參加，初期的我，內心非常的緊張及忐忑。我害怕誤時間，沒有及時在公祭的時候到達，錯過了重要的儀式。

以往公祭的行程，都是由鎮長代表苑裡鎮公所傳達慰問與祝福，但真的是公務繁忙，如果每一場鎮長都要出現的話，基本上整個上午的時間都會在參加公祭。我從初期的緊張、焦慮，到現在慢慢地調整節奏並我告訴自己，我今天是代表苑裡鎮公所，來為逝者送上最深的祝福。

而且我會盡量提早時間到現場，讓自己的呼吸節奏調整好。當公祭儀式舉行時，我會靜下心來，給予往生者最深的祝福，送祝福的當下我的內心是非常的平靜、平和。

上任以來，我們的工作節奏緊湊，我們團隊需接手之前前任的公務，且面對未來的改革，有鎮民會在會場給予我一些鎮政的建議與期許。我知道鎮民今天給我們執政的機會，就是希望看到苑裡的改變和進步脫離傳統的包袱，所以我會傾聽、理解，傳達溝通，拉近鎮民與公所的距離。

第一章
苑裡市場重建

「以前年輕人出外介紹苑裡，大家知道我們怎麼介紹嗎？我們就是說白沙屯（通霄）跟（台中）大甲的中間。這樣的意思是什麼？表示苑裡沒有什麼特色，所以少年人才這樣介紹。」

「不過今天不一樣。有一天我們出來，要和人家介紹苑裡時，我們可以說我們有一個一百年的菜市場，而且是大家一起討論、一起去重建一個更好的菜市場。這樣對我們苑裡的發展才會好，發展好，年輕人就會回來。像我這樣的年輕人，才有辦法回來。所以我是希望，我們可以支持滿足最好、最大公共空間配置的方案……。」

苑裡百年老市場在二〇一八年意外焚毀後，這是我在一場地方公聽會上的發言，也是我的真心話。當時，我的身分是民間團體「苑裡掀海風」的共同創辦人，也是苑裡獨立書店「掀冊店」的老闆。

對我來說，苑裡市場不僅僅是一個商品交換、日常採買的地方，更是地方文化的縮影與街區活力的核心，也是帶動苑裡未來發展、青年是否回流的關鍵。一座市場若能好好重建，不僅可以成為地方設計的典範，也是一個重新定義自身價值的重要契機。它能讓街區繁榮、文化扎根，並成為青年返鄉的重要支點。

市場的重建，並非只是地方的一項建築工程，還關乎到我對「地方」與文化資產保存工作的核心理念，以及探索小鎮的永續觀光模式可能性。

台灣過去的發展長期過度集中於都會區，像苑裡這樣的小鎮，與許多偏鄉鄉鎮一樣，逐漸被大眾所遺忘，因此人口外移、產業凋敝，帶來不少困境，卻也幸運躲過了大規模開發破壞，保存許多台灣珍貴的文化土壤和生態資源。

從認識和尊重打造認同

然而，我們的小鎮也面臨新的挑戰和價值衝突。許多人認為，我們必須與都市一樣，才是「發展」，才是「進步」。這種根深柢固的沒有自信，讓地方的文化特色逐漸流失，且因台灣長年缺乏鄉土教育，年輕人早就失去對腳下這片土地的認同。在這樣的大環境背景下，小鎮觀光經營的是真實的地方嗎？還是僅僅迎合都會人眼中的懷舊感，消費一種虛幻的鄉村想像？

市場正是最能彰顯地方真實面貌與特色的場域，它的氣味、聲音、商品的細節，都承載著地方文化的獨特印記。在二〇一九年苗栗縣文化資產審議大會中，苑裡市場更登錄為歷史建築，進一步確立了它的文化價值與歷史地位。

因此，苑裡市場的重建，是一場思考地方的文化與經濟、認同與價值，屬於台灣的深度對話。

當台灣社會日益成熟，觀光發展也走向精緻化和講究文化深度之際，我們不能忘記：真正的文化和觀光，要從地方「認同」開始，而認同要從「認識」與「尊重」出發。

在地人重新拾回故鄉的根，重建地方文化自信，吸引青年世代認識、述說和傳承，才能永續保留與活用這些留存至今的地方文化資產，台灣也才會創造真正「經典」的小鎮——文化氣質獨特、充滿自信和笑容的小鎮，值得國內外旅客再三回訪與無窮回味。

在第一部我介紹過，我與「毋免拜託聯盟」的夥伴們，為什麼會因為市場重建的議題而決定參選鎮長、鎮民代表。

然而，當選之後，過去我們所批評的鎮公所「延宕」問題，就成為我上任後的直接挑戰。接任鎮長的那一刻起，我深知，這項市場重建工作已經拖延了許久，而我需要和時間賽跑，把那些過去來不及做的、以及我們希望做得更好的部分，加速推動起來。

正如我在二〇二三年十一月十二日週記裡所說：

在我接任鎮長的那一天，這項市場重建工作，就已經延宕了許久。由於近年來物價上漲、以及在我接任鎮長之前的市場工程版本設計不良，我可以很直接地說，過去我們已經因此虛耗了非常、非常多的時間。

在我接任後沒多久，就得知：原本經濟部認為苑裡菜市場重建進度緩慢，執行率遲遲沒有破零，若是無法推進，恐怕補助款將會收回；中央的其他部會，原先也不看好我們苑裡真的能夠做到。

因此，我上任以後，只能三步併作兩步，每天用奔跑的速度來解決這個問題。除了一邊跟中央保持聯繫、請他們務必保留這筆預算；同時也開始修正過往的不良設計，並將一直被遺漏的歷史建築納入整體規劃之中，推動完整的重建。

如何追趕的細節，實在是千頭萬緒。這一章，我希望帶著大家看見，在我上任之後如何改變鎮公所原有的方針，並與市場攤商、民間團體、專業人士共同努力，踏出市場重建的每一步。

或許對於苑裡以外的人來說，有些細節太過瑣碎，但我們盡力整理成一段段易於閱讀、脈絡清晰的故事。我誠摯邀請大家，一起細細閱讀。

因為，這不是苑裡獨有的問題。今天的苑裡市場，可能也會是你家附近心愛的老市場、古蹟、天橋。如果希望讓舊回憶陪我們走向新時代，那麼，你要面對的程序與困難，就很可能跟我們大同小異。

重建的一步又一步

市場重建的第一步，是基礎公共建設的透明與參與。

從「拆心牆」到更換透明圍籬，再到興建「景觀平台」，這些作法不只是空間上的改變，更是治理態度的轉變。我們希望這場重建能讓鎮民真正參與其中，看見市場的歷史價值，理解未來的規劃方向。

第二步，要確立市場重建的核心原則。

為了讓市場真正符合地方發展需求，我們確立了「全局規劃」與「新舊融合」的核心原則，不只是改善前鎮長設計方案的問題，或是針對市場建築本體進行改造，更要從街區層級思考市場與周邊環境的整合，並納入歷史建築區域，擴大修復範圍。

第三步，涉及重建過程中重要的「經費」問題。

我與團隊如何積極爭取中央各部會支持我們的重建經費，與此同時，並爭取鎮民代表會同意「墊付」案，讓鎮公所順利發包市場重建工程。對此，週記也留下了紀錄。

此外，在這本書出版的同時，我與團隊已經確定了文化部多挹注苑裡鎮公所六千兩百三十八萬，台電公共藝術及電協金多挹注約六千萬，加上二〇二三年公所團隊力拚守住的六千六百二十四萬經濟部經費，和縣政府之前挹注的一千萬經費，整體而言，我與公所團隊完成了一項艱鉅任務——如何在擴大修復重建範圍、容納最多攤鋪位空間、保有公共空間多元功能、修復歷史建築等等的多重目標下，降低了整體工程的公所自籌款比例。

然而，僅僅有經費到位，仍不足以重建完成苑裡市場，我們還面臨許多工程執行與技術挑戰。順利動支預算，發包工程專業管理（Professional Construction

Management, PCM）以及統包工程後，公所採「分區」、「分階段」施工的方式，持續在時間、經費與工地現場限制的夾擊中，奮力前進，這是第四步。

接著，我們還有第五步，市場營運與法治調整。

令台灣許多市場管理者煩惱的公共道路「臨時攤販」或是「產權」問題，也來到了我的面前。在市場活力、攤商生計、住戶心聲與法治精神之間，我也在尋找自己的方向，尋求平衡的法治解方。與此同時，還要應對鎮代會針對補助辦法預算凍結，我們如何努力「融化」這個危機呢？

第六步，在正式的市場落成前，可以讓攤商繼續做生意的中繼市場終於開幕了。讓攤商生計不中斷，持續保溫重建過程中的市場經營，這可以說是重建工作的另一個重要里程碑！

我們親身走過每一步，不只希望給苑裡留下市場，也想給台灣留下典範。我相信，不管是對於民間的文史行動者、團體，或者有志地方政治的工作者，這個完整的過程，都很有參考價值，值得仔細閱讀與思考。

2023．1．8

拆（心）牆

大家好，我是苑裡鎮長劉育育。許多人都知道，我還在民間的時候，就十分關注苑裡老市場重建的案子。我對於苑裡老市場的重建方向，與當時鎮公所的意見不同，也是促成我與團隊參選的重要因素之一。

在這一週，我以新任鎮長的身分，與我們公共設施管理所洪政男所長，以及其他公所同仁，正式來到市場現勘，要來穩健地踏出重建我們老市場的第一步。

老市場自從遭到火災之後，一直都以台灣常見的鐵皮圍籬圍起來，讓許多鎮民無法親近、甚至開始往裡面棄置垃圾，我看了覺得相當痛心。

我不認為，以我們苑裡的文化素質，民眾是因為不愛護文化資產而將垃圾丟進去，而是過往古蹟或歷史建築的修復工程中，太少讓民眾參與其中，讓民眾缺乏認識，誤以為這是可以棄置垃圾的地方，才導致垃圾問題的衍生。

我深切感覺到，在台灣各地正在修復的、已經修復的文化資產之間，往往與民眾之間存在一座心牆。

政府花了巨額經費、延請團隊來做修復，但民眾卻沒有機會了解圍籬裡有什麼，以及圍籬裡到底發生什麼事情。如此一來，即便古蹟或歷史建築修復完成，許多人也往往只感覺到疏離陌生，與它的感情也比較單一、平面，這是很可惜的事情。

本週，我與洪所長、鎮公所同仁、專業建築師團隊正在緊鑼密鼓討論，能否將圍籬現有的鐵皮改為透明材質，並拆除部分圍籬、改成觀景空間，提高老市場作為歷史建築的可近性。在這項非常規的工作裡，洪所長與我們鎮公所的同仁相當有活力，跟我一起在老市場中來回走動討論、不斷給我提出問題的解方，給我非常多的驚喜，也讓討論氣氛相當活躍、正向。

未來，老市場的重建，還有很長的路要走。但在這漫漫長路中，無論是苑裡鎮民，或來自全台各地的民眾，都不應該是文化資產修復的局外人。

我與團隊將在鎮公所的位置上，盡我們的本分，盡力來拆除民眾與文化資產之間的心牆，讓這些修復工作，不只是硬體建設工作，同時也是大家一起與文化資產培養感情、共同在老建築中打造新回憶的過程。

2023．1．21

景觀平台

大家好，我是苑裡鎮長劉育育。這週想跟大家分享，最新完工的「苑裡市場歷史空間再現景觀平台」。

在啟用儀式上，我特別邀來過往為市場重建努力的夥伴，我們一起動手，用苑裡市場的日治時期高品質紅磚「ＴＲ磚」搭起一面牆，也幫美麗的「洋小屋組」模型上樑，象徵一磚一瓦、全民一起重建市場。

很多人好奇，為什麼我特別請公共設施管理所，在春節連假前完成這座歷史空間再現景觀平台。其實苑裡公有零售市場在二〇一九年登錄為歷史建築，歷史建築範圍面積只有本館牆面、別館山牆和据賣場，面積不大，與新建市場一直能雙軌並行。

只要以城鄉發展的格局與視野去做整體規劃，我們既能保有別的鄉鎮求之不得的特色歷史建築，吸引觀光客，同時又能有新的空間，讓市場好做生意。

然而，過去因為高聳的施工圍籬，將一般民眾與市場歷史建築隔出一道心牆，許多資訊也沒有辦法充分公開讓大家得知，所以很多人對歷史建築產生誤會。因而開啟圍籬、搭設景觀平台，讓大家看見美麗的「洋小屋組」木衍架結構、大窗戶和TR紅磚，重現歷史現場，不但消除我們過去與苑裡歷史的距離，也重拾我們的市場記憶，藉由親近文化資產，讓我們對於地方議題產生出不同的觀點。

同時，我們也希望藉由景觀平台，充分利用閒置都市空間，打造街區的休憩環境，展現苑裡的特色風貌，吸引觀光客來訪。尤其特別的是這次景觀平台使用兩種木料，深色是公所閒置設施的木材進行二次利用，淺色是新木材補足剩餘面積範圍，讓公共資源循環再生，既不浪費又美觀。

此外，景觀平台也是一座送給在地學子的禮物。現在的一〇八課綱強調在地特色課程，平台設有完整的解說牌，說明苑裡市場的前世今生，綜合公民、地理、歷史、力學的跨學科地方知識，適合苑裡學子們來一起認識自己的家鄉。

這座景觀平台雖然只是暫時性設施，但在市場重建階段，公部門會需要更多元的管道，聆聽民眾意見，民間也會需要有更多資訊才能知情參與。這座平台，不只是一座景觀平台，也是一座溝通平台，歡迎大家在平台解說牌上掃 QR Code，留下你對市場未來的想法。

我就任鎮長尚未滿一個月，但是市場重建是我的核心政見之一，而景觀平台是我施政構想具體呈現的第一步。

未來我將持續以「專業治理」、「鎮政透明」的精神，從整合規劃市場與附近的苑裡舊市街出發，導入文化治理和民眾參與的開放思維，讓歷史建築與當代生活結合，貼近民眾，帶動小鎮整體街廓再生的空間。

春節期間，我也會不定時在景觀平台上跟民眾互動、帶導覽解說。歡迎大家返鄉、走春時，一起來平台拍照打卡，讓更多人看見苑裡之美！

2023・2・12

全局規劃

大家好，我是苑裡鎮長劉育育。在所有關乎苑裡鎮發展方向、民生福利的議題當中，最受大家關注的，就是我們苑裡公有零售市場的重建進度。大家最在意的，莫過於「市場何時會開工」、「中繼市場會如何進行」與「相關經費」問題。

對此，我準備了詳盡的資料與簡報，來向代表們報告目前的情況。讓我也用一張圖來跟所有鎮民朋友報告，我在鎮代會上說明的內容。

用一句話來做提要的話，我會說，我對於市場重建的工程，有一個最重要的關鍵字：「全局規劃」。

為什麼我會這樣說呢?大家可以從圖上看到，我們所討論的苑裡公有零售市場，其實有兩個區塊：一塊是「市場新建工程區」、另一塊是「歷史建築修復再利用區」。

過去，前任鎮長將兩個區域切開來處理——先進行市場新建工程區的規劃設計，卻消極處理歷史建築修復再利用區的進展。然而，這兩區都位於同一塊基地上，都是市場用地，都是我們苑裡市場攤商營生、鎮民購物交易的所在。因此，我認為應該以更具有遠見的眼光，整合規劃兩區，避免斷裂式、碎片式的規劃，而蓋出一座未來不好使用的市場。

接下來簡要介紹兩個區域：

1.歷史建築修復再利用區

自清代留存下來的百年市場區域，在遭到火災之後，歷經部分攤商與在地公民共同努力爭取，目前經苗栗縣文資審議登錄為歷史建築。此區現在要依照《文化資產保存法》相關規定，進行修復再利用工程。目前「緊急加固」與「修復再利用」階段都已經完成，惟「設計監造」階段，還未向文化部申請經費。

2.市場新建工程區

位於市場店屋區，不屬於歷史建築範圍。此區已於二〇二二年獲經濟部補助，故在前任鎮長的任內開始進行設計。不過營造工程卻因無人投標而多次流標，流標原因與歷史建築毫無關係，而是與大環境缺工缺料和設計有關。

目前鎮公所最重要的任務，就是跟文化部申請「設計監造」重建經費，增加整

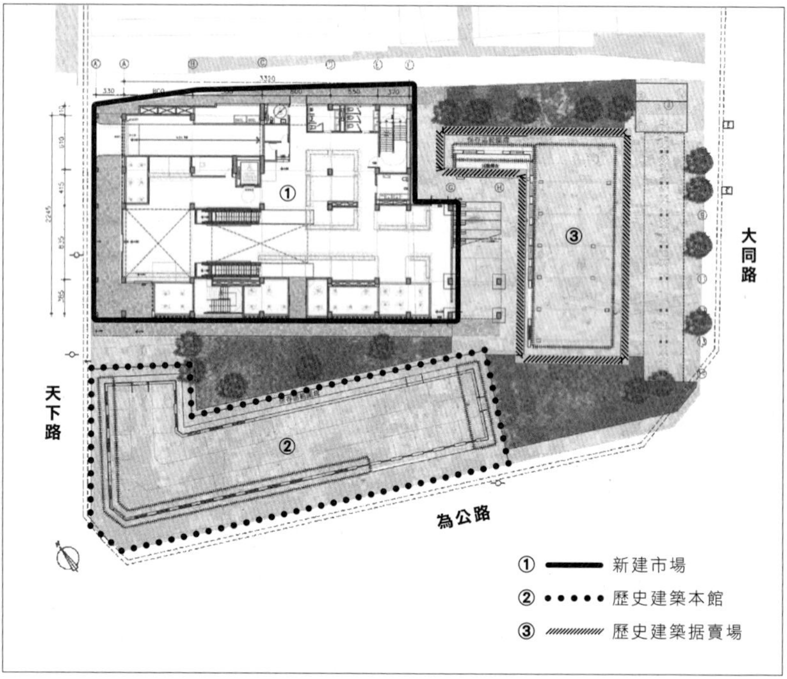

體市場重建預算，讓重建程序繼續走下去。另外，也必須在這兩區的市場之間，做一個總體規劃，而不是把歷史建築視為麻煩，乾脆就切割處理。

按照我們現在提出的「全局規劃」思維，將歷史建築融入，兩大區域合併規劃，能帶來以下優點：

①市場整體重建預算將更為充足。

②不用分次施工，讓

我們鎮民生活、攤商營業被工程干擾的程度降到最低。

③改善市場周邊交通情形。

④兩區合併攤位數量充足，攤商遷移次數降到最低。

⑤新舊並存，成為獨一無二的特色市場，增加經濟效益和觀光收益。

無獨有偶，在國內外最新的市場保存趨勢中，講求的都是新舊融合、文化資產與居民活動並存。新舊兩區合併，可以做更好、更有遠見的規劃案，也讓我們向中央爭取經費更有利。我會努力來讓經費到位，也很感謝一些鎮民代表前輩公開表示，他們願意跟我一起去向中央說明、爭取。只要經費到位、確定施工時程，我也會來立即著手進行中繼市場的興建工程。

我和團隊已經研究過，中繼市場的工期大約花費至多六個月。挑選的地點，一定必須是可以「結市」（台語：有人潮、有買氣）的好地點，才能在工程期間，延續市場的人氣不散，順利地度過這段重建時期，遷入新市場。

在市場重建議題上，即使有求快、求好的壓力，我還是認為公開透明、民眾參與是重建過程中不可或缺的要素。未來，我們要重新召開民眾參與說明會，讓苑裡人參與自己的市場重建。

2023．3．12
新舊融合

大家好，我是苑裡鎮長劉育育。看到一條網友留言，指「（老市場的）歷史建築只剩下一面牆，為什麼不敲掉就好了」，我發現這是一部分鎮民朋友也會有的困惑。我想特地在這裡，跟大家說說我所知道的情形。

苑裡市場總基地約百分之四十的區域（本館、別館、据賣場），是苗栗縣政府文化觀光局經文資審議大會的專家學者和民眾參與，在二〇一九年依據《文化資產保存法》登錄的「歷史建築」。所以，依據法律規定，我們現在不能去「敲掉」或破壞這面牆，這樣不但違法，動手破壞的人也會有刑事責任。

苑裡菜市場累積了我們苑裡的庶民歷史，是過往好幾代人在此貿易、採購民生物資的回憶，刻劃了苑裡百年變化的痕跡。如今登錄為歷史建築，是經過文化資產委員專業的認定，也已經完成法定程序。

歷史建築身分是一個既成的事實，我們應該思考，如何讓這個事實，成為我們重建的優勢，而非再一直想著把牆敲掉。在我來看，它不但完全不妨礙現在市場的重建進度，甚至可以替我們爭取到更多經費，為什麼呢？

基於這面牆「已經是歷史建築、不可破壞」的前提下，我們應該將它轉為優勢，來向中央申請市場修復再利用的經費，整體街區會更加美觀、經費也將會更多，並且增加苑裡市場特色。

我認為，政治上的效率和效益必須平衡，就像苑裡運動中心一樣，不但要做得快，也要做得好。

市場之前的規劃出了很大的問題，前任鎮長為了迴避歷史建築問題，只針對市場基地一部分進行重建經費的申請，但這樣卻導致攤位數量並無法容納所有攤商。我的施政不一樣，我不會害怕、迴避去規劃歷史建築區域，反而認為它是我們的寶藏，可以幫助我們擁有一個更好的市場。

大家到歐洲、日本參觀的那些美輪美奐的百年歷史建築，同樣也是經過不斷修繕的過程，才有今日的模樣。

前面介紹過，我想要採取「全局規劃」方式，同時將歷史建築部分進行重建，並且使用新舊融合的方法，把苑裡市場整體重建起來。沒有因此延宕任何時程，反而可以增加攤位數、增加使用空間、增加美觀與買氣，是值得我們一起努力的方向。

2023．5．28——上階梯

大家好，我是苑裡鎮長劉育育。我要跟大家報告，市場重建的工作，非常穩定、非常扎實地在推進當中。在計畫開始後，有一些我們慢慢發現的問題，也在進行小小的修正跟微調。

只要有在收看苑裡鎮公所粉專或鎮長週記的朋友，應該都還記得，從二月的臨時會到現在，只要市場重建有階段性的成果，到了可以公布的程度，我一定依法向鎮代會和民眾報告，落實我競選時承諾的公開、透明原則。算起來，前前後後，我們已經三次在網路上公開釋疑。

而在本週定期會報告中，我們再次提到了新舊並存的工作重點，是如何在保存歷史建築特色的同時，也能夠恢復市場原有的機能，讓原來的攤商可以按意願重新進駐，並修改了進出動線，讓市民朋友可以更方便地採購。這些與鎮公所同仁一起努力的工作，不但可以讓我們的老市場重現生機，更可以打造全台第一的特色市場。

以上這些內容，都是我從二月臨時會到現在，不斷地跟代表們溝通的內容。相關記錄，也都有完整公告在網上。所以有些代表指出，說市場的計畫跟原來有所不同，而我沒有與代表們溝通，這恐怕當中有一些誤會。

不過，從這些誤會出發，我也想跟大家分享一個我的想法。在市場重建的過程當中，牽涉了許多非常專業的細節。「重建」說出來只有兩個字，落實到我們每一天的工作，其實是一個反反覆覆對細節進行研商、調整的過程。

再者，市場的工程經費，有需要中央補助的部分，我們正在全力跟中央爭取。中央的相關部會，例如經濟部，也會安排專業的委員審查，給我們意見。如果委員審查出來，有希望我們調整的地方，我們也必須虛心採納，盡量去回應這些寶貴意見。

換句話說，市場重建是一個變動的過程，在最後中央審查定案之前，其實都還是會有小幅調整的可能性。比方說，前任鎮長申請的經費，中央已經核定約六千三百萬元，不過，在我就任後，正式提出了提高經費的修正計畫，正在經濟部中部辦公室審查中。

那麼，這些細小的調整發生的時候，鎮公所要在什麼時候公布，才算是符合我競選時承諾的「公開、透明」原則呢？

我覺得，政府資訊的公開透明，與行政機關的工作效率之間，應該取得一個平衡點。

我想提出一個「階梯理論」，來說明我對這件事情的看法。重建市場，就像徒步爬上一棟高樓。

在早年，台灣政治還比較威權的時候，工程單位是自己自顧自地爬到了頂樓，才來跟民眾報告「我爬到了」，中間的過程與最後的結果，都沒有民眾參與的餘地。也因此，引發了許多大大小小的社會抗爭。

而在近年來，民眾已經不再接受這樣的作法。大家要求開放政府、要求民眾參與，就是希望在爬樓梯之前、或者爬樓梯的過程當中，能有民眾可以知情、參與的空間。

那麼，作為執政團隊的首長，我應該多久跟鎮民代表、各位鎮民報告一次工程進度呢？如果每踩一階、每出現一次小小的改變，就要報告一次，不但可能讓民眾無所適從，因為太多次的調整、太多瑣碎的資訊感到困惑；另一方面，也會讓鎮公所團隊疲於奔命、效率低落。

因此，我認為在這「市場重建爬樓梯」的過程中，我們鎮公所團隊，應該是「每爬到一個樓層報告一次」，二樓報告一次、三樓報告一次……如此類推，比較恰當。而不是每踩一階，就要報告一次，這樣恐怕不太可行。

我在這裡，可以再次向大家保證：在市場重建的過程中，只要有階段性的成果、適合公開公布了，我一定會馬上來跟大家報告喜訊。但若希望我們「只要小有變化就應該來報告」，我想，這樣鎮公所團隊很難好好爬到頂樓。

另外，定期會上，有鎮民代表關心我，因為我是「非藍非綠的中立政治人物」，擔心我「需要幫忙」，問我跟中央之間「有暢通的管道嗎」，甚至怕我的公文送進中央以後，會被中央「擱置、照規定來」。

我很謝謝鎮民代表對市場案與我的關心，不過，我也可以在此跟大家報告：我們目前跟中央政府各單位的溝通非常通暢、非常良好。

這不是因為我劉育育有什麼特殊的管道，恰恰是因為我們的一切文書程序，都有「照規定來」，該寫計畫、該做簡報、該準備怎樣的資料，我們都秉持著認真與專業的態度來準備，大致上都十分順利。

我在代表會的現場，也有公開回應。我說，我相信國家的資源應該屬於公共所有，我會把我們鎮公所規劃、我們的想法好好寫清楚，去循正當管道爭取。況且，在我與中央各部會接觸的時候，中央各部會的官員與專家，也都給我們很客觀、很中肯的回應，而且，大家都很肯定我們希望重建一個「特色市場」的目標。

因此，我相信台灣是一個有法治的、講道理，可以把事情做好的國家。我們鎮公所的認真與專業，就是我們最好的資源。相信中央執政團隊，也會贊同我的這句話。

所以，我也希望，鄉親跟我們一起，與鎮公所團隊保持良性的互信、持續的監督、熱情的參與。讓我們一起、為了苑裡，爬完這段市場重建的長階梯吧！

2023．6．25

爭取經費

大家好，我是苑裡鎮長劉育育。這個端午連假，我與團隊都在全心全意準備一件事：從下週二開始的鎮代會臨時會。這一次的臨時會，我的工作目標只有一個：苑裡百年公有零售市場的拆除重建預算墊付款。希望可以順利通過鎮代會的審查，讓市場重建踏出最重要的一步。

目前，市場重建案的預算，預計將由苑裡鎮公所、苗栗縣政府、台電、中央的經濟部與文化部共同來支應。

自民國一〇九年開始，由於前任鎮長遲遲未能解決相關問題，導致時程已經相當緊迫。如果屬於我們鎮上的墊付款，不能在本週的臨時會通過，按照相關的行政時程計算起來，市場重建工程就不能準時發包。如此一來，來自中央政府前瞻計畫的經費，也很可能要被收回。

自我上任以來，我用最快的速度，花了六個月的時間，改善前任鎮長遺留下來的、技術上與法規上皆有一些問題的方案：

我解決了市場出入口，也就是為公路上的交通壅塞與動線問題；我解決了前任無法解決的、在符合《文資法》情形下，給市場一個特色、美觀新門面的問題；因應近兩年來雇工、購料等成本上漲，我重新擬定方案，讓市場擁有一個全新的、可用的施工計畫。

然而，如果經費未能在本週通過，工程就無法在今年啟動。經濟部很可能以我們的執行率不佳作為理由，收回上限為億元的預算，讓市場重建更加遙遙無期。下週的臨時會上，我將提出方案來爭取鎮代會的支持通過。這一方案，將會比原有不可行的方案增加一點一億。

多出的一點一億，可以讓市場擁有一個特色門面、讓購物進出動線更合理，讓更多人愛上我們的百年市場，讓我們的家鄉，因為市場而更加繁榮、有活力。

這一個方案，我已經在鎮代會正式專案報告過兩次，也舉辦了給攤商朋友的工作坊、進行意願調查，可說是萬事具備，只欠東風。我曾經為了這件事，北上拜會過經濟部。經濟部表示，非常欣賞我們提出的計畫，也很期待看見地方特色市場出現。只要鎮代會通過墊付款，經濟部會全力來支持。如果經費未能在本週通過，這些差一步就能抵達的美好願景，就會與我們擦肩而過。

就在這一週，是苑裡市場歷史上的關鍵時刻。為了市場重建，我很希望大家可以不分彼此，為了家鄉更好，團結一次。老市場重建為新市場，需要一點一億，也需要大家一心一意的支持。讓經費一次到位，一舉開始市場建築工程。

這一次的臨時會在周二和周三上午十點開始，一樣開放大家旁聽、線上參與直播，希望時間允許的大家，跟之前一樣，一同來關心我們的公共事務。

我也會繼續努力，仔仔細細地檢視方案的每一個細節，務必做到盡善盡美，讓方案一舉通過。也邀請大家一起關注、集氣、轉發！

2023.6.27
經費擱置

大家好，我是苑裡鎮長劉育育。我要非常遺憾地跟大家報告，在今天上午的鎮民代表臨時會上，我一直無法完整說明鎮公所的提案事項——苑裡市場重建議題。最後，在未能好好討論的情況下，苑裡鎮民代表會表決「擱置」我們苑裡的百年公有零售市場重建經費。

在這之前，我跟大家報告過，經過了周全、專業的準備，我代表苑裡鎮公所，針對市場重建工程案，提出增加預算一點一億的提案。這個提案不但是因應雇工、購料上漲的問題，也是一個可以增加市場攤位數量、給予老市場新舊融合特色門面、解決市場周邊交通問題的方案，獲得專家、地方人士與中央的一致肯定。

可惜，代表會不願意聽完鎮公所的報告，出現打斷講話、關掉投影，最後，甚至直接關掉我的麥克風，就直接提請大會表決。表決結果，有九位代表直接投票，說要「擱置」此案。只有一位陳基寶代表，以附帶決議方式，同意通過。

我必須很沉痛地說：鎮代會監督鎮公所自然是職責所在，但都不願意聽完簡報、好好討論，而且一直以錯誤的資訊解讀，最後表決擱置，這樣的狀況，非常有可能會讓中央經濟部補助的六千三百多萬，因為工程延宕和零執行率等原因而被收回。

這個過程有點複雜，容我解釋給各位鎮民朋友聽：若本次會期，我們鎮代會無法通過本墊付案，重建的專業工程管理及工程將無法發包，這將導致已經核定的六千三百萬付諸流水。如此一來，將會造成市場重建開工日依舊遙遙無期，也失去中央的補助挹注，對鎮庫造成更大的負擔與壓力。

明天，我們還有最後一天的臨時會，我想在此公開懇請代表們三思，希望代表們考慮地方發展和全體鎮民的最大公共利益，懇請放下成見，主動提出復議，以挽救今日會議的「擱置」。

邀請所有的鎮民朋友、鎮民代表一起為苑裡市場的重建同心努力，早日讓燒毀的市場可以恢復重建，苑裡市場的未來邀請大家一起來關心、一起來決定！

2023・7・1 通過墊付款

大家好，我是苑裡鎮長劉育育。在這個禮拜，我想要先感謝大家。謝謝許多鎮民朋友、甚至是全國民眾，對於苑裡菜市場重建議題的關注與關心，引發了許多豐富而認真的討論。我在這幾天的公務行程當中，也遇到許多鎮民熱情地跟我說「加油」，真的非常感動。

正如許多鎮民與網友所說，苑裡百年菜市場的重建，不只是我們苑裡消費民生的議題，也是關係著我們小鎮門面和未來發展的重要建設。

市場一案，有長久的歷史淵源，牽涉到許多行政法規、工程技術、預算分配、中央補助與地方自籌款項，也與行政和立法機關的互動有複雜的關係。

我想在週記盡可能來做說明，也邀請大家，為了苑裡，我們一起花點時間來深入了解。接下來，我也會密集地召開實體說明會，爭取每一個跟大家面對面說明的機會，不放棄讓老市場順利重建的希望。

先說結論，關於大家近日非常關心的墊付款與設計圖兩大問題，我可以很明確地在此回覆：

①經過主計部門與資深專業律師確定，鎮公所提出的墊付款程序，完全符合相關法令規定。請各位鎮民朋友，相信台灣的主計部門、相信資深專業律師。千萬不要聽信似是而非的法律解釋，那是不專業的謠言。

本次墊付款提案內容為一點一億，為什麼會增加這一點一億呢？是因為這幾年台灣物價飆漲，且過去的設計案有誤，並不是一個真正可以施工的計畫。我上任以後修正的方案，才是可以順利發包出去的計畫。在此想提請鎮民代表支持，我們才能在民國一一四年前瞻計畫結案期限之前，及時完成市場重建工程。

②鎮公所已經按照正常程序，對市場重建案提出專業的「規劃圖面」。所謂的「設計圖面」，是墊付款通過後，發包才會進行的階段。現階段提設計圖面，是將未來即將發生的事情，與現在的準備階段工作混淆。這同樣是誤導民眾、抹煞專業的言論。

以上兩點主張，如果還有疑義的朋友，歡迎大家公開辯論，或以正式公文去請教中央主管機關，看看鎮公所的作法究竟有沒有違反法令的情形。

在開始詳細說明之前，我想先表明的是，以下要解釋的問題，其實我本來是預備在鎮代會上就清楚表達，讓代表會與旁聽民眾充分了解後，再來做出判斷與決定。也就是說，針對以下兩個問題，其實我們同仁本來已經熬夜製作了簡報，我也再三確認過相關資訊無誤，本來應該在鎮代會臨時會場上，用麥克風與簡報清楚報告。

但是很可惜，因為現場的麥克風遭到直接關閉、消音，導致我沒有機會報告完畢，才衍生許許多多的耳語和誤會。

在我看來，無論鎮代會與我的意見有多麼不同，都還是應該給我們鎮公所一個完整的時間來好好表達，才不會到現在的週末晚上，我們為了釐清錯誤訊息，要浪費更多資源，也平添鎮民朋友的不安與困惑，這絕非公共之福。

還有另一個資訊，我也可以在此先說明。我在本週的臨時會之前，除了在二月臨時會、五月定期會中，都有詳細專案報告市場重建進度之外，在本次臨時會之前，鎮公所與鎮代會也在六月二十日先以會前會形式，溝通本次會議目標，共同來推動市場重建。

但是，因為在會前會上，有些鎮民代表並未出席，所以，我仍然在六月二十七日準備了清楚詳盡的簡報，提請公開討論。

當然，後來的事情，大家都知道了。在鎮公所提案時間，我的發言遭到無預期的打斷，且到目前為止，我都還沒有機會來再做說明。因此，我把相關爭議貼在週記裡，邀請大家一起閱讀、理解，一起思考我們究竟想要一個怎樣的市場、想要苑裡擁有什麼樣的未來。

1. 墊付程序的適法性

網路上謠傳，我們所提出的墊付程序，沒有按照相關法律規定走。我可以很確定地告訴大家，這是一個誤會。

經過我們鎮公所主計室以及資深的行政法律師確認後，我們可以確認，鎮公所今天預定走的流程，絕無可能違法，一定是按照台灣法律規定進行。

我們提出的墊付案，是依《各機關單位預算執行要點》第四十四點第六款規定，經過鎮公所認定，此筆經費有「及時使用」之支出，因為，如果不能及時通過墊付案，很可能因為我們的預算執行率太低，經濟部會收回「已經核定」必須負擔的六千三百萬，將造成鎮庫更大的負擔。

根據這樣的情勢，我們在法律賦予的空間之內，於六月臨時會議中提案。程序上完全沒有問題，禁得起考驗與質疑。

台灣是一個法治國家，法律領域經過數十年的發展，可說是「術業有專攻」，大家各自有各自擅長的領域。

我們在鎮公所的主計室主任之外，也請教過縣府熟悉主計相關業務的人員。我們請教的資深律師，都是一輩子兢兢業業、鑽研相關法律問題的專家，絕對不會信口雌黃，故意誤導鎮公所，傷害我們的市場重建案。

關於這一點，請鎮民朋友們可以放心。

2.沒有設計圖面，所以無法通過墊付款嗎？

剛好相反，有過承包政府公共工程經驗的人就知道，正是因為今日沒有通過墊付款，所以，我們無法發包來擁有設計圖面。

依照二〇一九年苑裡鎮公所舉辦的公聽會結論，我們將對老市場進行再次全區規劃。部分被登錄為歷史建築的房舍，也會一併納入修復和重建，不但增加攤位數，改善不良停車入口設計，同時打造火車站前新亮點。

原本一一〇年度框列的二點二億重建預算，其實只有重建一部分的市場，並沒有包含殘牆區域的市場，這是我一直一直強調的：在老市場已經被登錄為歷史建築的前提下，必須進行總體規劃、新舊整合，才能擁有理想中的好市場。

然而，這樣的市場夢想，在墊付款案通過之前，依法依規，只要有「規劃圖面」，即可進行下一階段行政流程。

大家可以把「規劃圖面」想像成比較大概的施工計畫，就像一本書的「目錄」一樣，將使用需求、功能分區、施工計畫期程和整體工程經費概算，具體地呈現出來。

等待預算墊付款通過以後，才能夠走到下一階段：依據規劃圖面，公開招標。到這個階段，我們才有預算，引進專業工程管理團隊，確保重建進度、工程品質和效率。再來，才是公開招標統包商，依照《政府採購法》二十四條規定，進行設計與營造（也就是真的進場把市場蓋起來）。

我再說明一次：我們鎮公所團隊，已經按照台灣法律與公共工程的慣例，在會前會及臨時會，都公開「規劃圖面」給鎮民代表和現場的旁聽民眾。現在只缺鎮代通過墊付款，才能執行下一步。

但是很遺憾，在鎮民代表會上，我在未能有機會完整報告的情況下，墊付款就被直接擱置。

3.公所團隊的下一步

遭到這樣的挫敗，我收到了許多關心與打氣的意見，我非常感謝傳訊、留言來鼓勵我的每一個人。但是，面對這個波折，我從頭到尾都不氣餒。我想用實際的行動，來彌補麥克風在鎮代會場上被切掉的那幾分鐘。接下來，我會在行政程序上尋找其他可能性，努力讓市場可以取得經費，好好重建。

不過，更重要的是，我們苑裡鄉親，對於市場的相關訊息應該要有「知情權」，不能因為麥克風被切掉這種事情，就放任不實訊息，困擾關心故鄉發展的苑裡鎮民們。

我會開始到鎮內宣講。在大家聚會的地方，開大門、走大路，說明我們鎮公所對市場重建的看法。也歡迎有不同意見的朋友，不要再私下放話，請來現場，與我進行公平公開公正的辯論，讓所有鄉親聽一聽，誰說的有理。

我相信，百年市場重建是許多鄉親共同的夢。我們可以築夢踏實，可以向有關單位提出負責任的要求。我們可以擁有一個交易熱絡、新舊融合、具有地方特色，讓每一位苑裡子弟驕傲的好市場。

接下來，各場次鎮內說明會的時間、地點，都會在網路上公布。邀請大家密切注意。

為了完成這個夢想，我會盡我百分之一百二十的力氣來打拚。如果您的看法與我一樣，也請跟公所團隊站在一起，我們一步步將夢中的市場重建回來。

我以苑裡為榮，以我們的百年老市場為榮，以苑裡鎮的民主精神為榮。相信看著這篇文章的每一個你，也是這樣想的。既然如此，就讓我們一起勇敢地走下去，不管接下來的路有多難。

2023．11．12
全力衝刺

大家好，我是苑裡鎮長劉育育。在最近這幾週，我有時腦中會浮現一些有趣的想法：

大約一百年後，苑裡公有零售市場兩百週年慶時，我們之中可能有不少人已經不在這世上了。老市場在那個時候，裡面販賣的會是什麼？那些我無緣認識的苑裡人、我們的晚輩，會如何說起我們二〇二三年今天的決定？當他們走出火車站，進入鎮上的那一刻，看見的又會是怎樣的風景？

為什麼我會想到這些事情？有點不太像我平常的風格。我想，應該是因為，在過去這段時間裡，市場重建的種種工作，在我們團隊全力地推動之下，終於邁開步伐了吧！

沒錯，在這一週，我想要跟大家報告一個好消息，也給大家一個誠摯的邀請。

先說好消息：我們苑裡的百年公有零售市場，在過去的幾週之內，可以說是踏出了重建的重要步伐、看見了重建的曙光。

然而，面對接下來的眾多工作與挑戰，我需要大家的一臂之力：

明天，也就是十一月十三日（一）晚間七點，我們將於三里活動中心四樓，召開公開的「苑裡市場拆除重建進度報告暨攤商安置措施工作坊」，這不僅僅是攤商可以參加的工作坊，也是所有鎮民都可以、也很有必要出席的一次工作坊。

從明天的這場工作坊開始，市場重建將會有一連串需要鎮民參與的工作環節。

這棟已經陪伴我們百年的老市場，在二〇一八年不幸因火災燒毀之後，能不能以新舊融合的新面貌，陪在下一個世代的苑裡人身邊，走過下個一百年？這就要看我們今天的決定。

坦白說，在我就任之後，執行市場重建這項工作時，我是一點都不敢鬆懈。完全不誇張地說，就算是珍貴的休息時間，我的腦子裡也必定想到市場相關的各種事情。

這是因為，在我接任鎮長的那一天，這項市場重建工作，就已經延宕了許久。由於近年來物價上漲、以及在我接任鎮長之前的市場工程版本設計不良，我可以很直接地說，過去我們已經因此虛耗了非常、非常多的時間。

在我接任後沒多久，就得知：原本經濟部認為苑裡菜市場重建進度緩慢，執行率遲遲沒有破零，若是無法推進，恐怕補助款將會收回；中央的其他部會，原先也不看好我們真的能夠做到。

因此，我上任以後，只能三步併作兩步，每天用奔跑的速度來解決這個問題。除了一邊跟中央保持聯繫、請他們務必保留這筆預算；同時也開始修正過往的不良設計，並將一直被遺漏的歷史建築納入整體規劃之中，推動完整的重建。

在今年八月，為了加速市場重建進度，同時兼顧專業的工程品質，鎮公所發包專業工程管理（PCM）的勞務，找專業者協助專案管理，順利決標。

十月二十五日，在鎮公所團隊的共同努力下，「苑裡鎮公有零售市場拆除重建統包工程」標案，統包工程內容包含新建區域的設計與施工，經費二億四千萬，也順利決標。

十一月七日，苑裡公有零售市場的歷史建築部分，也得到了妥善的照顧：工程總經費七千萬，「因應計畫及規劃設計」勞務採購案，順利決標。

在所有工作進度全面啟動、齊頭衝刺的情況下，苑裡公有零售市場預計在二〇二五年年中完工。

就在此刻，我們的老市場看起來還是一片工地、殘留著遭到火燒的痕跡。但，就在市場的上空，已經有三個專業團隊（PCM、統包工程、歷史建築）正在如火如荼地工作，兩個部會（經濟部、文化部）、一個國營事業（台電）以及我們苗栗縣政府的經費挹注支持。

為了這一天，以及接下來到完工的每一天，我與公所團隊竭盡全力，三個得標的專業團隊、經濟部、文化部、苗栗縣政府與台電等機關也用心用力地支持我們苑裡。

現在我想邀請你，苑裡鄉親們，一起為了苑裡的門面、苑裡的重要公共設施站出來。

市場，不只屬於攤商與客人，自百年前開始，它就是我們苑裡的心臟。今天的重建工作，即將決定苑裡未來五十年、甚至一百年的容顏。正如大家所知道的，我們從苑裡火車站走出來之後，看到的第一棟地標建築物，就是我們的老市場。這是我們的門面、也是我們百年來地方活力之所在，苑裡許許多多的小吃、美食、知名名產店，都環繞著老市場為核心生長出來。

我知道，大家心裡其實都非常關心市場。許多人投我一票、讓我擔任鎮長，也是因為不忍看到老市場持續像廢墟一樣毀壞、大家都希望看到它風華再現。

因為如此，所以我們毫無保留、用了全力跑到了這裡，讓市場走出了上一個階段的延宕與迷茫，正式踏入下一個階段。

在這下一個階段的開端，我想對苑裡鄉親說的是：你的意見，對市場很重要；你的現身，對苑裡很重要。明天的說明會，你若可以在場，一定能讓重建的結果變得更好，讓我們每一位苑裡人未來感到更驕傲。

2023・12・5

開工動土

大家好，我是苑裡鎮長劉育育。今天，對苑裡來說，是非常重要的一天。我相信，包括我在內的許多苑裡人，都會將這一天牢記在心底。今天，是苑裡公有零售市場在二〇一八年遭受火災以來，歷經五年曲折，終於得以拆除重建的開工動土典禮。

我誠心地祈願，接下來的工程平安順利，能夠按照原訂計畫，在二〇二五年六月，讓鎮民朋友們擁有一座災後重生的市場。未來重建完成後，這座指標性的、新舊融合的市場，不但是苑裡人熱鬧的菜市仔，也是迎接外地人的「大客廳」，同時，更會是啟動苑裡市街發展的核心引擎，讓我們心愛的苑裡小鎮，能擁有不一樣的新風貌。

從去年十二月二十五日上任以來，對於市場的議題，我沒有一刻敢鬆懈（當然，對待其他鎮上大大小小的重要議題，也是如此）。市場重建，是我們的夢想。雖然有壓力，但同時也是使命；是對鎮公所團隊的挑戰，當然也是突破。

從我上任開始，經濟部的輔導團隊不斷耳提面命：因為二〇一八年到二〇二二年的延宕，苑裡市場的重建執行率，很長一段時間掛零，希望我們一定要注意。但在今天，看著過去全國吊車尾的執行率成績，在同仁、民間團體與專業業者的一同努力之下，做到了「彎道超車」，趕上進度、順利動工，多虧鎮公所團隊加班熬夜，多方整合、溝通。當然，還有最重要的，感謝鎮民代表會通過預算，以及各級民意代表的支持、攤商朋友的配合、鎮民朋友的監督，讓一切順利推進。

在這特別的一天，歷史性的一刻，我來簡要報告市場重生的歷程。在我上任後，市場重建的進行方式與設計理念發生了以下改變：

第一：市場採取全區規劃，歷史建築作為門面，也要修復重建。採取整合性的思維，能讓新建區域和歷史建築區域共生、互補，不但提升市場量能，也讓街區表情與風貌能更具文化特色，同時縮短施工黑暗期，儘早讓鎮民朋友享受嶄新的市場空間。

第二：改善不良設計，原本的設計將停車場入口設置在為公路側，不但會造成交通阻塞問題，也切斷破壞歷史建築構面。最新的設計，已經將地下停車場入口改設在天下路側，解決上述問題。

第三：為確保工程進度，達成中央補助款進度要求，改變採購策略，由專案工程管理的專業團隊協助把關進度，並透過設計與工程併行的統包工程，在縮短工期的同時兼顧品質。

第四：由於營建成本在近年不斷上漲，二〇二二年曾有兩次流標的情形，加上新的規劃更完整，將歷史建築區域整併進來，面積擴大，預算也自然會增加。我們除了爭取經濟部、苗栗縣政府的經費保留，也得到台電、文化部支持，挹注新的經費。同時，鎮民代表會在今年八月通過預算，讓市場重建得以正式啟動。

我要感謝攤商朋友的體諒與配合，並給予許多市場建築設計上的重要意見。市場重建非常容易產生紛爭，但是我們的市場攤商，為了公共需求放下成見，共同配合市場重建，相當不簡單。

在公所同仁逐戶拜訪了解，並且辦理參與式工作坊、蒐集攤商意見，如銀行臨櫃般的一對一說明後，第一階段工區已有超過九成以上攤商，順利在拆除重建期間獲得中繼安置。未來鎮公所也將盡我們的全力，協助攤商宣傳新址，讓舊雨新知可以前往支持。

最後，我想跟大家說，現在真的是不容易的一刻，我們是走在歷史的路上，跨出了一大步。不過，如果再把時間放大一點來看，這其實也只是歷史洪流一個過程：早在一百多年前，苑裡的仕紳與先人，就已經懷抱遠見，在基地現址蓋出市場建築，讓市場成為地方繁榮發展、後代子孫驕傲抬頭的一項公共建設。

回顧今天，我們也是帶著這樣的心情，想留給苑裡下一個百年、下個世代一份禮物，一個公共設施的典範，以這樣的態度來蓋這座菜市場。未來，百年後的苑裡人必定也能夠體會，在二〇二三年的今日，我們是怎麼思考苑裡的過去、現在與未來。

在這歷史性的一天落幕之後，我想特別介紹暖場表演的鼓陣團隊，以及客庄國小閩南語童謠合唱團。今日恰逢苑裡出身著名作曲家郭芝苑的誕辰，他們演唱了三首歌，〈風吹〉、〈月光光〉與〈雷公歹聲嗽〉，正是郭芝苑的童謠作品。

更有意義的是，郭芝苑先生的故居、他創作出這些歌曲的空間，就在市場的附近。方圓不過數里的街區，既能有百年市場，更能出一位全台知名的作曲家，讓苑裡的孩子能以故鄉之聲替市場獻唱，我真的為苑裡感到驕傲。

活動發放的茶點「TR磚」，也是由苑裡在地青年創業的裏房甜點製作，用草莓和巧克力混合的深紅色外層，加上外包裝的透明貼紙，仿擬出TR磚的表情；磅蛋糕內層則是濃濃柑橘香與香甜橙皮丁，勾勒出TR磚的厚實感。吃下一口，彷彿吃下了百年建築的記憶，也代表今日我們堆起市場重建的第一塊磚，是對市場重建最好的祝福。

在這一天結束之前，回顧白天的場景，內心只有滿滿的感動。祝福與祈禱工程平安順利。期許工程團隊和公所團隊齊心協力，在有限的時間、有限條件內，做到安全，做到品質，做到歷史傳承，做到營造出苑裡地標。藉由點、線、面的營造，未來擴大再造市街街廓，成為苑裡創生的契機，成為苑裡人的新榮耀。

2023・12・10

分區分階段施工策略

大家好，我是苑裡鎮長劉育育。在這一週，我與鎮公所團隊，依然為了苑裡市場重建的工作而忙碌。在本週五，也就是十二月八日，我們的市場拆除重建工作中，屬於「第一階段工區」裡的攤商，絕大多數都已經開始搬遷的程序。有些人進駐了新啟用的水利大樓中繼市場，也有人決定在市場之外，另選他址營業。

什麼是「第一階段工區」呢？我提出這項施工策略，想要兼顧兩個理想：工程效率最大化與攤商營業影響最小化。

我們的市場拆除重建工程，會分兩階段來進行。第一期拆除的工區，主要位於天下路旁，拆除面積較小；第二期拆除的工區，則靠近為公路和大同路兩側，拆除面積較大，當中也包含歷史建築，施工計畫必須經過文化資產委員的審議，通過後才能動工。

之所以需要將市場工程分成兩區域來進行，最重要的原因，還是因為我們的市場重建工作，從火災發生的二〇一八年到二〇二二年，幾乎停擺，錯過了寶貴的重建時間。因此，在我上任之後，必須面對來自中央政府的進度壓力，中央的補助款有時效性，預算執行率也有相關規定，我們必須盡可能地讓工程早日啟動，進度加快。

然而，與此同時，如果為了趕進度，貿然魯莽地將全部市場範圍一起拆除重建，不但會大大影響攤商營業、讓大家不好過年，也恐怕會對歷史建築的保存不夠細膩。因此，我才將整個工程拆成兩期來進行。

而在我學生時期，深度參與、了解過非常多拆遷政策所引發的社會運動，我深深明白，如果公所團隊處理得不夠細膩、不夠有耐性，將對大家的生意與生活，造成非常重大的不良影響。

因此，就像我反覆強調的，只要位於「第一階段工區」、擁有合法契約且仍在實際經營的攤商，公所同仁或建築師都接觸了至少三次以上，了解大家的個別需求，盡力給予協助。情況比較複雜的攤商，我們甚至已經拜訪六次以上，就是希望讓事情圓滿順利。

本週，「第一階段工區」內的攤商朋友們，開始向下一步邁進。這一部分的攤商朋友，多數都屬於販售「乾貨」、「南北雜貨」與「服飾用品」的類別，我們特別為了這樣的商業型態，在水利大樓提供了空間設計與隔間，大家可以擇日來逛逛。

至於「第二階段工區」的工程，正如我前面所說，因為拆遷重建的面積較大、同時也會碰到歷史建築區域，影響較多攤商，我們選在年後開工。

而在年後，給「第二階段工區」攤商進駐的、位於台電旁土地上的中繼市場，也會順利完工，剛好可以讓攤商們搬入市場，營業不中斷。這個中繼市場的任務，是要容納生鮮蔬果的商家，我們也為這些「濕貨」做好了相對應的空間準備。

作為從小在這裡長大的鎮民，我深深明白大家與市場、與攤商們的感情，我們希望每一攤老店、好店都平安順利地過渡到「新市場」的時代，也在合法、尊重攤商意願的情形下，做了最大的協助與追蹤關懷。

我也想要趁週記的機會，鄭重地跟每一位參與市場重建工作的公所同仁說聲：辛苦了！我想特別感謝鍾永坤主任祕書、公共設施管理所、清潔隊、民政課里幹事與鎮長辦公室的同仁夥伴，大家不辭細瑣、跨課室協調支援，為了我們的苑裡市場全力以赴，我都看在眼裡，感動在心。

在這裡，我要邀請鎮民朋友們，一起給予公所同仁、攤商朋友支持與加油，走走逛逛中繼市場、多多造訪攤商們在市場外的新店面。不但可以重溫我們苑裡在地好物的風味，也是對市場重建工作最好的祝福。

我與公所同仁也會持續努力，絕不懈怠，並定期在這裡向大家報告重建進度。

讓我們一起為苑裡的新市場加油！

2023．12．17

做那個 Change Maker

大家好，我是苑裡鎮長劉育育。在這禮拜，我想要先分享一個活動。嚴格說來，它其實算是上個週末發生的活動。在十二月九日，我到台北參與今年度教育部青年發展署「青年社區參與行動 2.0 Changemaker 計畫」成果展，除了問候我們苑裡的團隊，也與許多在全台各地社區工作的團隊敘舊。

看著大家的工作成果，感受到滿滿的活力、創意，想起過去我們社區工作剛起步的階段。

在我們一開始返鄉的時候，沒有太多基礎、也沒有任何知名度，只有滿腔熱血和一顆願意留在地方做事的心。當時，很感謝教育部青年發展署 Changemaker 計畫以及文化部的「青年村落文化行動計畫」，成為我們一開始的支點，可以慢慢在故鄉扎根，長出自己覺得舒服、也對地方有所貢獻的形狀。

而現在，看著新一代的 change makers 走在自己的道路上，看著會場裡大大的CHANGE（改變）字樣，不禁湧起許許多多的感慨：

要做個改變現狀的人，Being a changemaker，是多麼不容易的一件事。

舉例來說，上週末從會場回來之後，我除了日常鎮務之外，都與團隊不停在處理我們苑裡市場重建的工作，日日夜夜，沒有一天停息。

從上任那一天，市場仍是遭受火災之後的模樣、百廢待舉，到我們快速地釐清問題、了解進度，乃至於跟各相關單位爭取經費來推動重建；與此同時，不能只自己埋著頭工作，必須仔細而深入淺出地向鎮民代表、鎮民們報告進度，接受民意監督。

確定市場可以動工之後，必須開始著手處理攤商搬遷安置、中繼市場興建，這當中的工作複雜多端，適用的法律不盡相同。我們秉持依法行政的同時，又兼顧情理法、多方利害關係人與公共利益的權衡。

在工程開始啟動之前，我們也必須設計出一個良好的施工計畫，同時兼顧市場工程進度與歷史建築保存，確保廠商能夠安心進場施工，發揮專業，免於受到各式各樣的外在因素干擾。

這一路走來，並不容易，但我們用了百分之一百二十的力氣，推動它一步步走上軌道。未來，我們也會繼續守護這條軌道，不容許任何因素阻撓市場重建，直到完工落成的那一天。

在這過程中，每一方都有不同的需求，各單位也都會向鎮公所來提出疑問與意見，來自四面八方的壓力，我們都必須做好平衡工作。我們必須好好地接住每一顆球，又要堅持我們心中的民主、法治、公平與文化資產保存的理想。唯有每一天都戰戰兢兢，才能做到。

有許多時刻，困難來到眼前的瞬間，我都聽得到自己心跳漏了一拍的聲音。但很快地，便在優秀鎮公所團隊、各級機關、專業者團隊、攤商與鎮民朋友的支持之下，一切有驚無險地化解了。

我感受得到，有許許多多的鎮民朋友，以及外地關心苑裡的好友們，都在共同承擔這個歷史責任。因為我們想讓故鄉發生改變，想做那個 changemaker（讓改變發生的人）。改變的發生，不是一個戲劇化的瞬間，是一個不斷變化生成的過程。

而在這個變化的過程中，難免會有一些不實資訊與耳語的出現，我要在這裡保證：請大家務必相信鎮公所的同仁夥伴，有任何問題，請即時向我們公所同仁來反應。

為了杜絕謠言與不實資訊的散播，在這過程中，公所團隊也十分細緻的處理各種措施，只要可以，我們就盡力辦理說明會、個別資訊解惑與輔導，甚至用「一對一臨櫃」諮詢的方式來溝通與對話，這一切的一切，就是為了兼顧民主與效率的平衡。

當其他政治人物說，政治必須有所妥協、取捨，才能達到最初的理想，我們選擇兩個都要，將理想化為現實，在現實中注入理想。

如果各位相信我劉育育、相信我們的團隊，相信我是一個公正無私、可以溝通的鎮長，請將你的所有疑慮與不安交給我們。

我們會負起責任、我們會攜手合作，我們願意盡力把事情做得周全細緻，但也不會放棄法治與公平原則。

我們會以團隊作戰的方式，在自己的崗位上，讓苑裡市場的重建工作，讓未來落成的新市場，可以成為一座百年後也能繼續承載小鎮活力、無愧於未來苑裡人的優秀工程。

Being a changemaker（做一個讓改變發生的人）並不容易，但在苑裡，有許許多多的人選擇 Being the changemaker（做那個讓改變發生的人），我很幸運，可以在鎮長的崗位上跟大家一起努力。

明天太陽升起，又是全新的一週。除了例行鎮務之外，我們依然會為苑裡市場重建而努力。苑裡的大家，我們一起加油！也請全台各地關注苑裡市場的好友，繼續為我們加油！

2023・12・24

臨時攤販管理問題

大家好，我是苑裡鎮長劉育育。祝福大家，在平安夜與家人朋友團聚，都能獲得快樂與寧靜。近日天氣變化大，低溫不斷下探，請各位朋友務必注意保暖，也要關心一下家中長輩的身體狀況，讓我們歡歡喜喜迎接新年！

這是今年的倒數第二次鎮長週記。正如許多人所關心的一樣，我在這一週，還是要來與大家分享苑裡市場重建的相關消息。

在這一週，為了化解關於大同路臨時攤販的疑慮，我特別錄製了一段影片，讓沒有時間看太多文章的鎮民朋友，也能了解事件的來龍去脈。

先說結論，我想跟每一位關心市場重建的鎮民朋友說：市場，應該是屬於每一位鎮民的市場，是我們可以親近、感到開心的空間。它不應該「水很深」、更不應該「很複雜」，市場的一切管理規則，都應該有國家法度可循。

讓我們先回到本週的市場重建工作吧！坦白說，過去在市場採買東西，我也分不清楚「攤商」跟「臨時攤販」的區別。對於市場，我們印象中，就是環繞著老市場的一大片熱鬧的市街。我們有時候在建築物裡面買、有時候在建築物外面逛，裡、外一起構成了我們回憶中的市場。

在這一次，扛起市場重建的責任時，我才了解到：原來位於苑裡市場內的攤商，跟外面大同路上的臨時攤販，是兩種不一樣的法律關係。

位於公有零售市場內的攤商，是跟公所簽約，使用市場攤位鋪的商家；在大同路上的臨時攤販，則是因為在過去幾十年間，因為市場生意興旺，逐漸向外擴張到馬路上，所形成的廣義的市場。

我自己是學建築與城鄉規劃出身，我深深明白：市場有自己的生命。一個繁榮的市場，邊界一定會不斷擴張。我們苑裡市街人潮洶湧、人氣興旺，因此吸引各地的臨時攤販來擺攤，這是必然會發生的事情。

但是，站在鎮公所的立場，如果不加以管理，會衍生出許許多多問題。首先是交通問題，讓鎮民可能會因為攤販太多，出入困難，甚至因為部分攤販使用馬路，而出現行車危險的情況。

其次是環境衛生問題，如果我們不加以管理輔導，做生意的污水、廢棄物會破壞鎮容，也可能讓客人吃壞肚子，非大家所樂見。

再者，如果鎮公所完全不介入攤販擺設，會讓街道上的市容變得雜亂，影響遊客對我們的觀感，也影響我們苑裡人每日生活的心情。

基於以上幾點，鎮公所在過去數十年來，需要在確保可以做到上述的公共要求下，讓大同路臨時攤販每年提出申請，再由鎮公所來核發營業許可證。因此，我們鎮公所對於大同路臨時攤販的往年擺攤情形與攤販名冊，是有基本資料的。

這一次，因為苑裡市場重建的工程，工程車輛必須出入，我們發現大同路上有部分攤販會受到影響，有公共安全的疑慮，因此原本預定在十二月十八日召開說明會，依照是否受影響及受影響程度分為三個時段，公所人員好好向不同區域的臨時攤販說明。

這個說明會的目的是什麼呢？最重要的就是，要協助攤販度過這段工程施工期。我們將比照市場內攤商輔導措施，協助受影響的臨時攤販到中繼市場繼續營業。中繼市場的攤位數，絕對足夠容納所有受影響的合法、實際經營者，包括攤商與臨時攤販。

然而，在十二月十八日當天，有部分攤販誤信謠言、也散布謠言，甚至推擠公所人員，阻止其他攤販進場聆聽說明。即便如此，仍然有不少臨時攤販理性地與公所確認現況，在釐清耳語誤傳之後，順利提交營業許可證申請書。只要是抱持公開、善意、願意解決問題的態度，我相信，攤販朋友們一定可以了解。

不過，在處理這些工作的過程當中，我也要說出一些讓我很驚訝的事實。

在十二月十八日公所收到大同路臨時攤販的陳情書時，有些攤販事後發現，自己被冒名簽名陳情書，已來公所確認陳情書筆跡與本人不同。另外有三分之一的陳情人姓名，並沒有登記在公所營業證的名冊。那這些攤販的相關費用，究竟是繳納給誰？誰收取了這一份原應該歸我們全體公民所有的費用呢？

除此之外，我也收到許多匿名陳情，告訴我，現在市場的經營，很可能存在嚴重的違法轉租、收取不法費用的行為。

這給了公所同仁與我很大的警訊。我們會緊盯此事，深入了解、調查，務必做到合法、公平、透明，讓苑裡市場成為所有人的「公有」市場。

在我就任之前、就任之後，一直都有人提醒我：「想要處理（市場）這塊的鎮長，通通都都會落馬」、「市場水很深，你要小心」。

但我要說：給苑裡鎮重建一個符合新時代標準、再走一百年的市場，就是我啟發參選的初衷，是我參選的重要原因之一。如果因為顧慮所謂的政治前途、想和稀泥，所以就在看到這些可疑之處的時候假裝看不見，遇到陳情抗議的時候不先釐清其中曲直就退縮，那麼，我們參選的理想、那些跟大家一起呼喊的口號，究竟算什麼呢？

我誠摯地希望，藉由這次市場重建的過程，不只讓市場的硬體更新，也讓軟體換新。在保有市場活力的前提下，鎮公所會依照法治原則來管理攤商與攤販，也會在市場重建的過程當中，盡力來協助商家的經營可以持續。

我希望，當新市場落成的那一天，我們的這些願望，可以實現。從明天開始，我與公所同仁也會繼續努力，一定要讓它實現。

2024．1．7

「融化」被凍結的預算

大家好，我是苑裡鎮長劉育育。這是二〇二四年的第一篇鎮長週記，我也要來與各位鎮民朋友報告兩個消息：一個是好消息，一個是壞消息。

好消息是，為了同時兼顧苑裡市場重建的效率與照顧攤商生計，我們的同仁快馬加鞭，於去年十一月擬定一份《苗栗縣苑裡鎮公有零售市場拆除重建期間安置及補助核發辦法》，趕上十二月十三日追加（減）預算會期。

壞消息是，由於鎮代會凍結執行這份《辦法》所需的預算，因此，我們很可能無法在農曆年前依據這份《辦法》進行補助，不能讓市場辛苦的攤商朋友們，在農曆年前得到合理的搬遷或轉業補助。

想到這件事情無法在農曆年前就有一個結果，想到攤商朋友們過年時，或許會為了此事尚未有著落、很可能無法安心過個好年，我心裡十分焦急。

我想用新年的第一篇鎮長週記，向大家來說明這件事，也希望這樣重大的政策，可以是由全鎮來共同了解、討論這個議題。

在上一次的臨時會中，我們為了妥善處理市場攤商搬遷議題，擬定了完善的《苗栗縣苑裡鎮公有零售市場拆除重建期間安置及補助核發辦法》，當中不但有大家所想像的「營業設備搬遷補助」，甚至有「自行轉業補助」、「工作技能訓練補助」。

這幾樣補助，是考慮到大家在搬遷的過程當中，營業設備拆除、運送、安裝可能需要一定費用，或是有攤商考慮就此轉業，想要學習新技能，我們也已經替大家考慮周到，特別制定相關的補助項目。

然而，在我看來，鎮代會因為一個其實不是非常有必要的理由，選擇凍結了這筆預算的發放。

鎮代會的理由是，這筆總額上限約三百三十萬元的補助，不能由鎮公所在自己的行政權限範圍內，擬定一份《辦法》就開始進行發放，而是必須經過立法過程，制定法律，也就是以「條例」的方式，才能夠進行這項工作。

這對我來說，跟我所認知的法律觀念不太符合。

現代民主國家中，必須遵守「行政、立法、司法」三大原則。大的法律，必須經過立法機關來制定；但是，如果每一件事情，都必須由立法機關來來回討論、歷經立法程序才能通過，那我想我們的日常生活一定會非常沒有效率，陷入幾近癱瘓的狀態，甚至反而無法達到政策目標。

為了兼顧效率速度與民主程序，法律賦予行政機關一定的權限。像苑裡鎮公所這樣的行政機關，絕對有權針對一次性補助的事項，來自行擬定《辦法》，執行市場拆除重建期間的攤商安置與補助方案。

我知道，可能有些人心裡會想，那是鎮長你自己的見解，也不一定對啊？不過鎮代會因為與公所見解不同，也發文詢問苗栗縣政府：

到底苑裡鎮公所這樣的工作，是要像鎮代會說的一樣，一定要經過立法制定「條例」呢？還是像我們鎮公所主張的，只要行政機關在自己的權限內擬定「辦法」，就可以開始進行呢？

苗栗縣政府的答案，非常明確，認定可以採用「辦法」，來讓事情加速進行。我們將苗栗縣政府的公文放在留言中，提供給大家來參考，我也來摘要縣政府的答案給大家聽：

倘非涉及公共利益或實現人民基本權利之保障等重大事項，原則上可不需有法律或法律授權之命令為依據。

本案係針對公有零售市場之攤商給予補助之給付行政措施屬單一個案，非長期性補助且補助金額有限，以事件性質而言，其規範密度可較為寬鬆。

當然，我們都明白，鎮代會監督鎮公所，是他們的職責所在。鎮代會要以最嚴格的標準，來替全體鎮民、鎮庫預算把關，本意非常好。

但是，如果縣政府給的意見，都是「規範密度可較為寬鬆」，鎮代會卻依然希望用最嚴格的標準來辦理，讓攤商們必須在過年後才能拿到補助，無法開展自己想要轉業、進修或搬遷設備的工作，一顆心只能懸在空中過年；或是已經搬遷、準備搬遷的攤商，因此遲遲拿不到補助。我覺得，這實在不是一個最好的做法。

鎮公所已經分別在十二月十四日、十二月二十五日送兩次公文給鎮代會，附上完整的辦法，向鎮代會提請解凍，並約了鎮代會多次要進行口頭說明，可惜至今仍未獲鎮代會正面回應，仍然不將預算解凍。

倘若鎮代會為了到底要用「條例」還是「辦法」的技術問題，讓補助遲遲發不出去，我覺得非常遺憾，這樣要等再次鎮代會宣布開會，全員「議決」此補助辦法為重要事項，再次立法、再次確認預算，等會議結束，再加上行政發放流程，在過年前肯定無法順利發出補助。

我們不會放棄最後的希望，仍舊會持續提請鎮代會解凍這筆預算，我們也都很樂意努力來說明，其實這個《辦法》相當單純，就是讓攤商朋友可以放心過好年。

這次，我依然會盡全力來準備，在法律上、專業上都盡百分之一百二十的力，希望可以得到最好的結果。也懇請每一位關心市場重建、關心攤商權益的鎮民朋友，一起來關心並研究這個議題，並做出自己的判斷與決定。

二〇二四年，我們一起繼續加油，一磚一瓦、一步一步建起我們心目中理想的苑裡市場！

2024．5．19

中繼市場

大家好，我是苑裡鎮長劉育育。本週，讓我最開心、也印象最深的一項鎮務，應該就是昨天上午的中繼市場開幕典禮了！

中繼市場的開幕，象徵市場重建的其中一個重要里程碑。也是我上任以來，公所團隊非常重要的工作任務之一。可以如期完工、開始啟用，象徵著我們的市場重建工作，一步步走在既有的時間表上，讓我十分欣慰，內心也百感交集。

市場，是每日都要容納大量而快速的物流、人流出入的空間，選位必須適當，空間設計必須動線順利，還要兼顧到現代公共衛生標準，以及身障使用者、通用設計的需求，才能做到「結市」、買氣暢旺。

所以，從以前到現在，無論是國內還是國外，市場要搬遷、改建，都是一件很不容易的事情。在舊市場到新市場的空窗期，也需要好好地思考如何銜接。

因此，苑裡鎮公所在啟動苑裡百年老市場災後拆除重建工程之前，經過區位研究、可行性評估和土地所有權人溝通，選定了鄰近市場基地、台電苑裡站旁的土地，要來蓋設這座中繼市場，提供生鮮濕貨類的攤商繼續營業。同時，鎮公所也與農田水利會合作，在戶政事務所旁的水利大樓一樓，提供乾貨美髮五金類的攤商使用，確保需要臨時攤鋪位的攤商，在市場重建期間，仍有空間可以經營生意。

昨天在中繼市場典禮現場，我有特別提到，這座位於台電苑裡站旁的中繼市場，距離我們原來的老市場，距離非常近，步行只要五分鐘。

在鎮上中心的繁華地帶，可以有一塊土地提供給中繼市場使用，是非常難得的機緣。我要感謝這塊土地的地主：他們以支持故鄉的心，以遠低於市價的價格，提供土地給鎮公所中繼市場使用。非常非常謝謝他們，讓苑裡有一座其他鄉鎮羨慕的中繼市場。

我也想再次感謝全力支持市場重建、配合搬遷的每一位攤商，遵守法規和共同維護中繼市場空間的整潔。

當大家走進這座中繼市場，就會發現，它是一處符合現代標準的市場空間——不但地面與牆面乾淨、通風空氣好、採光佳，也符合無障礙空間的法規標準，同時有乾淨的男女廁所，使用起來非常安心、舒適。

雖然昨天是正式的開幕典禮，但早在今年三月，公所就已經完成相關程序，啟動了中繼市場的試營運。陸陸續續吸引多家市場攤商進駐，也持續熱烈招商中。

昨天在現場，我看到拄著拐杖、推著輪椅的鎮民朋友進來採買，許多小朋友也跟著大人一起進來逛街、認識蔬菜魚肉和南北雜貨。無論什麼年齡層、身體狀態的人，都可以親近市場，在市場裡自在走動。

而讓我感動的，除了硬體空間，還有攤商們無形的凝聚力。開幕儀式雖然由苑裡鎮公所主辦，但中繼市場攤商們，也合作無間，邀請苑裡青年創業店家，舉辦苑裡在地美食市集。

美味的「熱炒九九」、「美食手作 DIY」都大受好評。開幕式也由在地的苑裡國小太鼓隊、客庄國小舞龍隊表演，在地的孩子為市場送上祝福，心意滿滿。這預示了市場不僅僅只是購物、交易的空間，也是我們向全台灣行銷「苑裡」品牌的基地，由攤商與民間商家自主營造的力量出發，一定會替苑裡物產做出一張最好的名片。

當然，也有一些鎮民朋友關心，搬到中繼市場的攤商，生意還好嗎？我可以跟大家分享一個資訊：除了昨日開幕的這座給生鮮濕貨的中繼市場，我們另外在水利大樓設有一座給南北乾貨的中繼市場，攤商跟我反映，搬到中繼市場後，因為空間改善，其實生意變得更好了！我也為大家感到開心。

凡是市場搬遷改建，雖然我們盡力做好萬全準備，依然難免會有一小小段的過渡期間。在這段期間，老客人都需要一點時間慢慢回流，久了會重新找回感覺、慢慢經營起來。

我也要在此邀請鎮民朋友，多多到中繼市場逛逛、購物，給予我們認真經營的市場攤商最大的支持，一起度過過渡期間，把能量延續到市場落成、重建完成的那一天！

2024·6·9

土地產權爭議處理

大家好，我是苑裡鎮長劉育育。在過去這一段時間，我和團隊也一如往常，為了苑裡百年老市場的重建工作而努力著。然而，市場重建確實不是一件容易的工作。除了推進工程，還必須盡力細緻處理攤商遷移與中繼空間的議題，與此同時，由於過去幾十年市場用地管理密度較低，加上火災後，造成市場空間破碎，因而仍有不少議題留到我這一任處理。

這禮拜的週記，我想正面面對其中一個案件，將事實原委與目前的處理進度講清楚、說明白，讓一些錯誤的傳言止步於此，好讓市場重建工作，可以在合法、公平與透明的前提之下，繼續往前推進。

在市場重建的過程中，有兩位鎮民朋友鄭偆笙先生、鄭圳熣先生，對於市場重建所使用的苑裡鎮苑中段一〇四一地號土地（靠近市場東側），提出了他們關於這片土地上的建物產權意見。

簡單來說，鄭偆笙先生與鄭圳爖先生認為，他們擁有這片土地上的建物所有權，而且，他們跟鎮公所之間存在著「租地建屋」的法律關係。鄭偆笙先生與鄭圳爖先生主張，不能拆除市場東側的建物，若如果今天市場重建要拆除建物，必須給予他們補償費用。

對此，鄭偆笙先生與鄭圳爖先生已經向法院提起民事訴訟，要來提告鎮公所，並同時向法院聲請「定暫時狀態假處分」，要求鎮公所不得拆除建物。

然而，鎮公所調閱相關歷史文件與資料，並且要求鄭偆笙先生與鄭圳爖先生補件其宣稱「所有權」文件後，鎮公所認定，鄭偆笙先生與鄭圳爖先生的主張，在法律上是不成立的。鎮公所也已經把這些意見，寫成正式的法律文件，提交給法院，讓法院做出最後的判決與裁定。

早先，苗栗地方法院已經迅速裁定，駁回了鄭偆笙先生與鄭圳爖先生提出的主張。由於鄭偆笙先生與鄭圳爖先生不服法院裁定，向上級法院提出抗告，因此公所也靜待台灣高等法院台中分院的再次裁定。而就在本週的六月四日，我們也收到了台灣高等法院台中分院的通知，法院對鄭偆笙先生與鄭圳爖先生提出的「假處分」抗告，也是再次裁定「駁回」，認為其抗告無理由。

簡單來說，就是法院已經兩度認定，鄭偆笙先生與鄭圳熧先生的主張在法律上並不成立，且法官認同了鎮公所的主張。雖然本案訴訟司法程序仍在進行中，但是確實在苑裡市場重建過程，已經遇到不只一次這樣的情形，即自稱是市場用地上建物所有人，並主張公所不得拆除鎮有建物、市場工程必須停工，但又提不出所有權證明，在法律上其實站不住腳。

相關的法律意見與證據，對於鎮長週記的篇幅來說，有點複雜，我會將法院的文件貼在留言處，想要了解詳情的鎮民朋友，歡迎參考閱讀。鎮公所非常樂意公開所有資訊，在法律的基礎上，邀請大家一同關心此案。

但無論大家是否會想要研究這個案件的法律細節，我想以鎮長的身分，與大家分享我對於這個案件（以及其他可能類似案件）的想法。

①首先，因為苑裡老市場在二〇一八年發生一場大火，因此出現了市場重建的議題。市場用地在火災後，有近半的建物和土地失去原有功能。這塊鎮有土地，同時是苑裡鎮門面，為讓合法簽訂使用契約的攤商、受災攤商可以有更好的經營環境，也為了活化苑裡街區，需要總體規劃進行整理重建。

②我與公所相關單位同仁，面對人民陳情與請願案，一向慎重對待。我已經

詳細閱讀鄭偆笙先生與鄭圳熧先生所提出的法律訴求，我可以很明確且負責任地說，鄭偆笙先生與鄭圳熧先生並不擁有這塊土地上建築物的所有權，與鎮公所之間也不存在「租地建屋」的關係。

所以，當兩位多次來公所陳情、向民代反應，卻又提不出所有權證明，我請公所同仁調閱相關資料後，便請公所恪遵法律相關規定辦理，不願使鎮庫平白無故損失將近千萬的賠償金。

③但是，站在法治社會的立場，我尊重鄭偆笙先生與鄭圳熧先生提出訴訟的權利，也支持讓法院來做認定與最後判決。

④再次強調，我尊重法治，並不意味著要犧牲鎮公所的法律權益。我一定會聘請律師，讓鎮公所也同樣在法律專業意見的保護之下，進行訴訟程序。鄭偆笙先生與鄭圳熧先生提告之後，我們也按照相關程序，委任律師，來在法庭上協助鎮公所面對訴訟程序，進行合理的防禦。

這是我作為一個鎮長的職責，不可能說鎮公所都讓人家告了，鎮長還不替公所請律師，這說不過去。

有少數鎮民，對於法院的運作有所誤解，認為公所請律師與民眾對簿公堂，就是「用法律壓人民」，我要告訴大家：

台灣已經是一個現代法治社會，這樣的思考邏輯，是錯誤而過時的。況且，我要再強調一次，在這個案件當中，是鄭倖笙先生與鄭圳爔先生所發動，他們先對鎮公所提起民事訴訟，鎮公所才聘請律師來協助案件進行。

這樣的決策合法、合情且合理。

⑤承上，雖然我認為，在這一案上面，鎮公所完全站得住腳，敗訴的可能性極低。但我依然為了這萬分之一的敗訴可能，編列了相關預算，以免在相關費用產生時，我們沒錢可付，傷害了人民的權益。對我來說，這同樣是我做一個負責任的鎮長，應該要做好的準備工作。

⑥我的立場非常簡單：尊重司法，守護鎮庫。只要法院認定鄭倖笙先生與鄭圳爔先生有理，我們一定依法賠償；但是，如果法院認定鄭倖笙先生與鄭圳爔先生的主張不足以採信，建物所有權並不屬於他們，我也會嚴格替鎮庫把關，不會付出不該付的費用，讓全體鎮民的權益蒙受損失。

⑦未來市場重建過程中，我一定會堅守這個原則，絕對不會妥協。相關的建物所有權、賠償爭議，我們交由法院來認定處理。應該付出的賠償補償，我們不會

規避；不該付出的賠償補償，我們要替鎮民守護財產，一元也不能多出。

市場重建是一條漫漫長路，推動良善的政治文化與法治觀念，同樣也是不容易的工作。每一天每一天，在面對不同難題、不同的懷疑與誤會時，我都要提醒自己：一定要堅守法治價值，不可因為壓力而退縮，必須堅持做對的事。邀請大家一起來理解，也一起來努力。

小結——市場重建，邁向地方治理的典範

市場重建的過程，完整勾勒出一幅地方治理的真實圖像，展現了要在台灣做好地方政治工作，究竟有多麼艱難，且需要多麼細膩——從法律程序的遵循、經費的籌措與爭取、工程的發包與履約進度管理，這些原本已經足夠繁複的過程，還需要做到融入真正的公民參與。此外，當面對「產權」爭議時，究竟該如何在各方壓力之下，繼續推進工程，同時不背離我們對民主精神的堅持。這些都是市場重建一路以來，我與團隊持續面對的挑戰，需要縝密的規劃與堅定的信念，貫徹執行。

市場重建的每一步，宛如攀爬一段長長的階梯，每一步都充滿挑戰。堅持民主程序，可能會讓工程進展可能變得緩慢，影響到街區活力、攤商生計以及預算執行；但如果一味追求工程速度，鎮民沒有跟上，則可能失去了我們希望打造「一座屬於全體鎮民的老市場」的夢想。

回頭看來，我們選擇了不妥協、不退縮，在每一個艱難的環節上，我們始終都沒有鬆手，仍然走在兼顧理想與現實的道路上，我們堅持與攤商、居民、民間團體與專業者攜手，花更多時間對話、磨合，在尊重歷史、尊重多方聲音的基礎上，確保這座重建的市場，能真正反映出苑裡的精神與靈魂，讓市場成為地方記憶的延續，也是未來願景的啟航點。

這樣的堅持，讓重建的不僅是市場結構體本身，還包括苑裡人對家鄉的認同與驕傲，甚至是整個地方對未來發展的信心。

我希望，這段「苑裡市場重建記」，能給熱愛地方工作的你，一點鼓勵與支持，並從中得到一絲啟發，也期待能與你一同繼續在這條改變地方的旅程上，繼續堅定走每一步。

第二章

兒童參與式預算

我在競選的時候，有一個非常重要的政見主軸，就是「教育」與「民主」。苑裡跟許許多多偏鄉一樣，讓大家最擔心的問題，就是孩子會不會跟不上城市裡的學習腳步，在未來的升學與職業生涯發展上受到限制。

對於這點，我在民間苑裡掀海風團隊時，就相當有感，曾經執行過「教芋部」計畫，嘗試面對這樣的教育資源城鄉差距挑戰。

教芋部計畫，簡而言之，就是由苑裡掀海風發起「免費課輔」的行動，但透過在地農民所種植的芋頭，招募「教芋股東」。股東認購芋頭，提供課輔工作運作的必要資金，可以獲得在地生產的好芋頭作為股金，同時支持友善農業與在地教育，一舉兩得。

我記得，當時計畫上路短短一個月，便開設了三十堂課程，吸引上百人次的高中生參與，同時有超過六十位教芋股東贊助，最後銷售出約五百斤在地的友善農法芋頭。而免費參加課輔的高中生，在考完大考之後，要依課輔時數進行社區服務，回饋地方。

讓我們驚訝與欣喜的是，教芋部行動讓「真・教育部」拜訪「苑裡教芋部」——時任教育部政務次長的范巽綠，帶隊前往掀冊店交流。我們請「教芋部部長」芋頭農夫林清金代表，致贈剛從田裡摘採的新鮮芋頭給教育部，並請教育部次長頒發「芋頭好吃，嘉惠學子」獎狀給農友，支持我們繼續走下去，也感謝所有投入教芋部的教育志工和股東，一起透過行動來介入、參與社區共好的實驗方案。

從教芋部的經驗，我學習到一件很重要的事情：最好的社會改革方案，就是吸引大家一起參與的方案。讓社會上不同的角色，包括學生自己，可以長出自主前進的動能，一起加入到「善的循環」當中，互相陪伴、前進，才有可能事半功倍，讓社會更貼近我們想要的模樣。

聆聽孩子的心聲

此外，在選舉的過程中，我也曾經被一位媽媽問過：「如果你選上鎮長，你會怎麼辦兒童節活動？」這位媽媽說，他們家的孩子不喜歡被動員去參加兒童節活動，為什麼母親節、父親節爸爸媽媽可以休息，兒童節的時候，兒童卻要上台跳舞表演，沒有辦法休息？

我當時覺得這真的是好問題。如果今天鎮公所有一筆兒童節預算，那究竟，公所要辦什麼樣的兒童節活動呢？又如果，今天這樣的活動是否能由兒童自己來決定呢？且如果，兒童感受到大人的善，且能參與在我們鎮政當中，會不會有一天，他們也可以用「善」來對待苑裡更年輕的世代？

因此，我上任後推動了一個政策：兒童參與式預算。

兒童參與式預算的意思，顧名思義，就是讓孩子成為「參與式預算」政策實施的主體。我們把鎮公所每年用於兒童節活動的十萬元預算，開放給孩子們自己決定用途，最後經過票選，第一名的提案，將交由鎮公所團隊來執行。鎮公所的一級主管跟著我，一起好好聆聽孩子們的心聲，以及他們對家鄉的期待，並找到資源，想辦法落實兒童們的想法。

目前，兒童參與式預算的執行工作，已經順利進到第三年。這是全台灣前所未有的創舉，也吸引了中央、其他地方政府與民間單位的盛讚與觀摩學習，是《兒童權利公約》表意權在台灣非都會地區成功落實的重要案例。

接下來，大家可透過一篇篇的週記，看到我們如何從零出發，帶領孩子們一同決定「兒童慶祝活動的預算怎麼花」的旅程，讓兒童真正參與公共決策、學習討論與溝通。這段過程，不僅培養了孩子們的表達能力與民主素養，甚至讓學校的校長都驚喜發現，參與這項計畫的學生所展現出的明顯成長與變化。

投票前的細膩準備

然而，在旅程開始之前，我也想多做一點前情提要，讓大家看見參與式預算得以在苑裡開出小小花朵的歷史過程。

我對參與式預算的認識，來自我在蘆荻社大工作的經驗。二〇一五年，新北市經發局決定以參與式預算的方式，透過邀請民眾參與能源相關預算項目，鼓勵民眾進行「節電」行動，並委由位於新北市境內的蘆荻社大與永和社大執行。

雖然，當時我並不是主要負責這個計畫的專員，但因為同事們之間的交流，我深深理解到，參與式預算的精神在於審議與討論。事前的準備，遠遠比投票當天的激情來得重要。

而在我就任鎮長之初，我在蘆荻社大的老師李易昆曾來到苑裡，與我們一起工作，擔任鎮長祕書一職。

他在任內，也總結了自己在蘆荻社大執行參與式預算的方法與心得，與公所同仁進行了數次演講分享，埋下了公所執行參與式預算政策的種子。

此後，我與公所同仁、民間夥伴開過無數次的籌備會議，確立了執行原則：

「苑裡小學三年級至六年級兒少」具提案資格、「苑裡幼兒園中班至小學六年級兒少」為投票主體，決定預算用途。

「苑裡在地高中生與大學生」當孩子王，自身先學習參與式預算的原則與執行方法，再輔助比自己小的孩子學習與投票。

「社會各界專家與在地共學團家長」一同加入，協助計畫進行，一起教學相長。

在大家的照顧與栽培之下，最終才讓這顆種子發芽，讓我們苑裡的小朋友，也能在最新的民主思潮與工作方法之下成長、學習。

正式開始週記選讀之前，我還想再跟大家聊一件事。在兒童參與式預算計畫開始之初，甚至執行到現在，我一直都有收到一些質疑的聲音。這些反對聲音，說的不外乎是「小孩懂什麼」、「小孩又沒有票」與「這都是扮家家酒」而已。

第一次聽到這個計畫的你，心中是否也有這樣的疑問呢？

那麼，就請大家一起閱讀以下十篇週記，跟我們一起回望這段旅程，一起思考、前進吧！

2023・6・4

培育青年「孩子王」

大家好，我是苑裡鎮長劉育育。這一週，我想跟大家分享，我與鎮公所團隊舉辦的一項重要活動——「我要成為孩子王」青年培力課程。這是團隊辛苦籌辦了好幾個月的課程，終於在這一週登場。之所以會舉辦課程，其實是因為，我在看鎮公所的兒童節相關活動規劃與預算時心想：

「除了這些按照慣例舉辦的兒童節活動，邀請大家同樂、同歡、發放禮物以外，我們能不能為孩子多做一點什麼？」

而我們平日在鎮務上，最關注的「公開、透明、民主、參與」精神，能不能也讓小朋友一起參與進來？

我們團隊時常規劃幾種「打開鎮公所」的方式，讓一般民眾更了解公所運作，但過去比較針對大人「打開」，有點可惜。這次我們能設計一個打開鎮公所的方式，讓年輕人與小朋友也走進來，探索鎮上公共事務的未來嗎？

其實，我一直都覺得，這些小小鎮民，很快就會是我們未來的夥伴、苑裡未來的中流砥柱。不能因為他們還未成年，就覺得他們什麼都不懂。有些事情，真的不需要等長大，就可以開始學習。因此，我們決定做一個不一樣的嘗試：帶著我們苑裡的大朋友、小朋友，一起航向民主的航道、打造兒權新世界！

為了降低孩子們了解公共事務的門檻，我們需要找到更多對公共事務有熱誠的青年夥伴擔任「孩子王」，他們也是我們這次工作坊的培力對象。

孩子王培力課程分為三大塊：「審議民主」、「兒童帶領」與「繪本演練」。我也要感謝專業的講師呂家華（審議民主）、廖家弘（兒童帶領）與陳亞萱（繪本演練），讓我們的苑裡孩子王上了扎實的一課。

大家都知道，公共議題的討論其實並不容易，很容易發散、失焦或淪為吵吵鬧鬧，呂家華老師有豐富的方法與工具，可以讓大家的言論有條有理地表達，也學習聆聽其他人的意見。

我一向認為，民主絕對不只是吵吵鬧鬧。我們可以提出自己的觀點，但也要付出相對應的責任，去認真研究、取得資訊、好好理解他人意見、形成最後的判斷。而不是把公共資源視為免費資源，想加錢就加錢、想增列預算就增列預算，為了短期的利益，犧牲了長期的公共價值。

在課程中，老師讓孩子王了解公所的組織架構、資源分配的方式，以及如何在有限的資源下，行使公民的權力、負起公民的責任。大家學著表達自己的意見，也學會理解自己的同伴，與他人互相「參詳」，在成年的那一天來臨之前，就一起練習如何做一個好公民。

我們也請到相當資深、對兒童權利十分專業的社工廖家弘老師。他告訴我們，由於成年人與兒童的權力和實力落差，很多時候，在成年人的表達系統中，兒童其實很難暢所欲言，講不出他想要講的東西，需要我們有更多耐心、有技巧的引導，才能讓他們順利表達自己的感受。

這些引導、聆聽的練習，不僅僅是為了讓孩子們的心聲被聽見，廖家弘老師也告訴我們，孩子其實是我們社會裡非常有創造力的族群。有時候，他們的創意與行動力，反而是大人遠遠不如的。我們要欣賞這個創造力、解放這個創造力，讓兒童也成為我們社會的一分子，而不僅僅是等待被照顧的小幼苗。

廖家弘老師的課程，正是為了讓孩子王帶著苑裡孩子們「暢所欲言」而設計。有趣的是，在聽完廖家弘老師對兒童表達、帶領的想法後，身為自學家長的陳亞萱老師在下一堂課帶來的繪本，恰恰就印證了「解放兒童創造力可以讓社會更好」的理念。陳亞萱老師帶來了一本書，叫做《街道是大家的》，是委內瑞拉一群孩子爭取遊戲空間的真實故事，改編而成的繪本。

在這次的課程中，我很真切地感受到：以繪本帶著孩子學習，是一件非常專業且不容易的工作。老師本人必須對故事熟悉、投入、且有豐富的想像力。不然，就會變得很像在唸課文，活潑好動的小朋友根本不會專心聽你講故事。我感覺到，用繪本帶領孩子們上課，是一個雙向沉浸、共同營造故事的過程。

老師選用的教材也非常有趣，《街道是大家的》，是一個孩子們的公民行動故事。在委內瑞拉首都卡拉卡斯城郊的聖荷西「平民區」，因為都市發展，兒童的遊戲空間越來越少。為了爭取可以遊戲的地方，幾個孩子決定聯合起來，向市政府請願。

一群孩子在圖書館的台階上，討論著、煩惱著。後來，在圖書館員的引導下，孩子們漸漸形成了行動，最後，他們決定拿著大字報、請願旗、請願書，朝市政府的方向出發。

這樣的故事，是不是很有趣呢？我、鎮公所同仁與孩子們，都被吸引住了。我是多麼地希望，有一天，苑裡的孩子們，也可以如此有論述與行動的能力，來到鎮公所，說出他們的公共訴求。

如果真的有那麼一天，我一定會笑著收下他們的文書！

不過，在那一天來臨之前，我先安排了一個活動：我短暫離開鎮長室，讓青年夥伴和孩子們待在裡面，寫下自己對苑裡、對鎮公所的想法，藏在各個角落，讓我用「尋寶」的方式找到他們的心聲，聽見他們的意見。

「孩子王」課程並不僅止於這一次，它只是個開端，接下來還有一系列的活動、工作坊。經歷過這第一波的課程，我與孩子王們都迫不及待，想要趕快上下一堂課了！

有一位高中生告訴我，經歷過這些課程後，他有一個反省：以前他參與帶領身障兒童的活動時，雖然十分關心他們，但好像「都是以自己的角度去想怎樣『幫忙』，而沒有真的從對方的角度出發，思考他們究竟要什麼？」

其實，仔細想一想，在課程中的「孩子王」高中生和大學生，有些已經成年、有些再過兩三年就要成年，要跟我們一起投票、一起決定台灣的未來。如果我們把握現在這個時候，跟他們一起學習如何參與公共事務，我想苑裡的未來，就相當值得期待。

課程散場時，看著孩子們離開的身影，想著課程當中提到「解放孩子們的創意，可以讓我們的社會更精采」，我也好期待在不遠的將來，苑裡會因為他們成為更有創意的地方、更有創意的小鎮！

2023．7．9

思考「公共」的第一步

大家好，我是苑裡鎮長劉育育。這裡有個活動要推薦給大家：七月十七日和三十一日的兒童參與式預算「苑裡小小公民夏令營」。

之前跟大家分享過，我們鎮上正在舉辦的「我要成為孩子王」的一系列工作坊，目標是培訓一群青年開始學習審議式民主，練習如何公共參與，並且能帶領年紀更小的孩子一起討論苑裡公共事務，促進兒童與青少年福利。

這禮拜我要跟大家說個好消息：孩子王課程結束，正式進入兒童參與式預算系列活動的第二階段，到各學校招生苑裡小小公民。在過去的一週，我們已經到苑裡的兩間國中、九間國小和圖書館做正式的宣傳，也開始陸陸續續收到同學的報名，一起參加小小公民夏令營的提案工作坊。

在前往校園宣傳的過程中，我也重新以孩子和少年的視角來觀看這個世界。舉例來說，當我第一次在學校宣傳這系列活動時，站到致民國中的台上，看著國中一年級新生們的眼睛，我突然意識到，我們平常很習慣說的「審議式民主」、「參與式預算」，可能會讓孩子們非常困惑。

很快地，在一瞬間，我就決定改變自己說明的語言，改用「苑裡小小公民夏令營」來跟大家解說這系列活動的精神。

我也問台下的大小朋友，說：「我們大家都很喜歡做一些讓自己開心的事情，不過，大家要不要一起想一想，有沒有什麼事情，是可以讓你一個人開心，也讓十個人、甚至一百個人一起開心呢？這，就是我們可以開始思考『公共』的第一步！」

除了帶大家用這種白話的方式思考「公共」，我在這系列活動的過程中，也與許多苑裡的大小朋友慢慢建立了新的關係。我發現，有時同學看到我來了，會大叫「劉育育！育育來了！」經過老師提醒以後，才會有點不好意思地改口說「育育鎮長」。

對我來說，這是很好的現象。在這組真實的關係裡，我是一個跟他們一起探索各種可能性的人，只是我的工作是鎮長，如此而已。希望他們透過我，透過這個活生生的「劉育育」，可以更深刻地認識鎮公所、鎮長與台灣民主制度。

最後，我也想跟大家分享，我們鎮公所之所以花費這麼多時間，舉辦孩子王和苑裡小小公民夏令營系列活動的初衷。除了相信「十年樹木、百年樹人」，要讓我們未來的公民從小就開始學習民主素養之外，我也相信：一個懂得善待孩子的社會，必然也會是一個良善的社會。

因為，孩子是社會裡最脆弱的族群。他們的身形比較小，與大人相比，是體型上的弱勢；常常被認為知識與智慧還不足夠，是「有耳無嘴」的晚輩；又或者是因為發表意見的經驗不足，雖然努力表達了自己，卻被忽略、跳過。

如果，我們的社會，連如此弱勢的族群，都能練習去聽見他們的聲音、尊重他們作為一個人的存在、找到與他們平等溝通協商的方法，那麼，相信我們成年人對彼此也可以做到。這樣一來，我們的社會應該也會是一個懂得聆聽他人，在表達自己的同時也在乎群體感受的社會。

很值得期待，不把民主當成「許願池」或「自助餐」，懂得一起追求「讓我自己開心，但同時也讓兩百個、兩萬個人都開心」的未來。

2023．7．16
串接世代，共享文化寶藏

大家好，我是苑裡鎮長劉育育。在「我是孩子王」、「小小公民夏令營」的活動開跑後，許多鄉親都基於愛護我們下一代的心情，給我們大力的支持、鼓勵。不過，也有些人有點疑惑，想說，為什麼鎮公所要對還沒有投票權的孩子們這麼認真、設計這樣豐富又複雜的活動呢？

剛好，我在這個禮拜，接受了兩次演講和訪問的邀約，聊聊我曾經做過的苑裡文化工作，也談到地方文化的永續發展。我覺得剛好可以與大家分享，回覆「為什麼讓孩子們參與文化工作非常重要」的疑問。

我在返鄉幾年之後，慢慢地發現，地方的文化與知識，因為受到現代都市生活的衝擊，它的智慧與光芒，常常破碎散落在各種不同地方。不管是藺草文化、農業文化，甚至我們的母語文化，都已經成為片片斷斷、缺乏傳承的碎片。

因此，我自己在民間的時候，有過一些實踐與學習：我們舉辦了苑裡海風季，以藝文季作為文化再現的方式。對內，可以凝聚地方認同；對外，可以吸引觀光客來創造經濟效益。

我們在開設苑裡掀冊店的時候，也發生過類似的效果。在書店裡，我們認識了不同的小朋友、高中生，發現他們需要讀書、課輔的需求，因此我們除了打造適合閱讀學習的書店空間，也找回了一些在外地讀書的大學生，讓他們擔綱課輔的角色。

與此同時，因為書店販售一些地方的農產品，與地方農友有了合作與信任的關係。用友善農法種植芋頭的林清金先生，便願意將賣芋頭的收入，作為教育基金，形成「社區工作支持農業——農業支持社區工作」的小小循環。

在這過程當中，我們做的是世代與城鄉之間的溝通，透過適當的文化轉譯，讓更多的人跟苑裡發生關係，讓地方有更多活力。

而在這些地方工作逐漸開展的過程中，我也有機會進入校園，配合一〇八課綱在體制內的學校講課，與學生分享我所知道的地方文化知識。

因為這些機會，我們發展出許許多多很不一樣的教育方法，例如：帶領國立苑裡高中的學生，在郭芝苑故居發展沉浸式劇場，結合音樂、文化、歷史、地理，甚至一小部分的數學與物理，讓孩子以故鄉的傑出音樂家為橋樑，去進一步認識這個世界。

甚至，近日在大人世界裡，大家非常關注的苑裡菜市場重建議題，我們也曾經帶縣立苑裡高中的孩子們舉辦模擬公聽會。讓他們扮演各種不同角色：攤商、民眾、官員、空間專業者、地方團體，用辯論的方式，來認識市場重建議題。

雖然，這些工作是我在民間工作的經歷，但對我來說，都讓我看見了兒童與青（少）年工作的潛力：我們可以讓苑裡世代之間的認識不再斷裂。我們的青年人，可以串接起兩個不同的世代，讓苑裡成為一個完整的苑裡，讓我們的回憶、文化與珍貴的寶藏，成為跨世代的共有資產。

未來，苑裡的孩子們，被問到「苑裡是怎樣的地方？有什麼特產？有什麼文化？」的時候，不再只能回答「苑裡就是……在大甲的北邊」，他們可以用藺草、用郭芝苑、用芋頭、用農業來介紹自己的故鄉。

他們也可以將故鄉當作教室，學習更寬廣的民主自由、公民參與和政治責任課題。這樣一來，他們對這些觀念的理解，就不會飄在空中、缺乏現實感，而是充滿了土地裡長出來的扎實與安全感。

而透過這樣的活動，我們也會動員已經上高中、大學或研究所的大哥哥、大姐姐一同參與。他們大都是已擁有完整公民權的選民，也將隨著年齡增長，取得成為候選人的資格，一起打造我們想要的台灣社會。

這是為什麼，我會動員鎮公所的團隊、結合民間的力量，舉辦「我是孩子王」、「小小公民夏令營」的活動。

在過去，常常是我們成年人開著列車，帶領孩子們往前走；這一次，我們透過活動的設計，讓這些孩子們成為火車頭，帶著我們苑裡一起前進。

2023．8．13

實現小小公民的提案

大家好，我是苑裡鎮長劉育育。大家可能知道，最近幾個月，我們鎮公所舉辦「我是孩子王」與「小小公民夏令營」的兒童權益相關活動。關於這個活動，我們已經有了一些初步的成果，我也想在這週的週記跟大家分享。

在活動一開始，我們難免多多少少低估了孩子對公共事務的想法與感知，總覺得：孩子們或許會比大人的參與式預算來得容易引導吧？後來發現，其實也沒那麼簡單。

孩子們還在學習、摸索如何使用自己的語彙，需要多方引導，他們也會透過肢體語言、表情、動作，甚至畫畫的方式來表達自己的想法。然而，帶領兒童進行參與式預算的工作繁雜，不可能全靠團隊工作人員來完成。在正式開始引導孩子之前，我們花了整整三天，邀請二十位就讀高中、大專院校的青年志工來受訓，成為帶領孩子們的「孩子王」。

舉例而言，孩子王必須清楚參與式預算的理念、鎮上的公共事務、鎮公所有哪些課室等等，這樣聽到小朋友問問題、提意見時，孩子王才知道如何回應。

孩子王完成訓練之後，便跟著我們一起走遍苑裡九間國小、兩間國中與苗栗家扶中心，用繪本與劇場的方式，讓孩子們知道鎮公所有這樣的活動。一路跑下來，我們觸及一千四百多人次的小朋友，並發下提案單，讓他們做一點初步的提案與頭腦體操。

接著，我們舉辦夏令營，讓小朋友這些粗略的想法，可以變得越來越具體，具體到足以對接我們鎮公所的相關權責單位，目標是讓孩子們的方案真的可以付諸實行。

在「小小公民夏令營」裡，兒童要學習一邊表達自己的意見，同時也要聆聽別人的意見。這過程其實很需要耐心：不但大人需要耐心、小朋友也需要。不過，到最後，看到孩子們的提案逐漸成形，我們驚喜地發現：所有的耐心與努力都很值得。

舉例來說，有些人希望鎮上的親子公園要好好修繕，甚至注意到「有些身心障礙的小朋友都沒辦法好好玩器材」，讓我十分感動。

有些小朋友建議，可以仿造老人文康中心，也在鎮上興建兒童育樂中心，甚至很具體建議，中心裡可以設有公共廚房，烘焙出來的餅乾，還可以義賣，經費捐給弱勢團體。

有人想要體驗一日圖書館員，有人說要舉辦淨攤活動、跳蚤市場。

有一位小朋友很特別，他提案「全苑裡的人都應該要去海邊撿垃圾」，我問他為什麼會想到這樣的提案呢？他說因為跟阿公去釣魚時，看到海邊很髒。他因為阿公的關係，很喜歡海，所以希望海邊更乾淨一點。

還有一個小朋友，如數家珍地背出了鎮上所有的公車路線，每一班次的號碼、幾點幾分都記得很清楚，他建議鎮上可以增加公車班次。

對於小朋友來說，這應該很像在開大型的班會，不過，這次是一個鎮公所層級的班會。他們的提案一開始會有點模糊，我們鼓勵他們寫上便利貼，一起來聆聽、看見別人的意見，把所有意見分門別類、跟其他人的意見去做整合。

而在過程中，我們也會提醒「預算只有十萬塊」的限制，跟小朋友協調看看，如何針對自己的方案做一些更具可行性的修正。例如：鎮上新蓋一個兒童育樂中心，花費可能遠遠超過十萬元，因此烘焙餅乾的夢想，可以利用現有活動中心的一個角落改造。

最後，也是最重要的步驟，鎮公所的同仁要來跟小朋友們一起討論，才能讓方案落實。我們讓孩子跟鎮公所一起開了一個小小鎮民大會，在行前，我們也特別跟公所同仁來溝通：

希望他們可以將兒童當成一個完整的人來互動對待，但也可以多站在孩子的立場，想想該如何回應，用更有開放性、更包容的方式，協助陪伴我們的小小公民成長。

最後，在執行團隊的努力媒合之下，孩子們的提案真的都慢慢聚焦，已經幾乎達到鎮公所可以落實的層次了。而在九月九日，我們會舉辦一個投票園遊會，讓大班到國一的孩子們來投票，勝出的提案，就會成為鎮公所正式的施政方案。孩子們可以利用九月開學日的時間，跟他們的同學拉票，讓自己的提案勝出。

這次，讓苑裡的兒童決定預算怎麼使用，我們大人來協助與引導，一起陪伴孩子完成這場小小公民課。看著孩子們走到了這一步，我內心充滿了感動與感謝。相信我們在這裡細心培養的小小民主種子，未來必定會長出我們都意想不到的豐碩果實。

在體制內做這樣的努力並不容易，必須建立公私協力的架構，而且公部門與私部門在這過程中彼此信任、願意一起往前走，才能讓這次的嘗試成功。

如果我們連對待相對弱勢、幼小的孩子，都能有這樣的耐心，去聆聽他們的心聲、來回跟他們溝通預算的限制、學習一起跟他人的意見共存，我們在成年人的世界裡，也就有希望建立溫暖的鎮公所的體制，讓我們的民主體制更加成熟。我是這麼相信。

2023．8．20

打造友善兒童的小鎮

大家好，我是苑裡鎮長劉育育。昨天，也就是八月十九日，我度過了相當難忘的一天。除了各式各樣的公務與突發狀況，最讓我印象深刻的，就是上週週記預告過的「苑裡童樂會，民主來扎根」提案記者會，終於圓滿地舉辦完成。

我們一起出席的，不僅僅是一個活動，更是苑裡地方政治的里程碑：我們苑裡、我們苗栗，成為全國第一個嘗試進行兒童參與式預算工作的地方。

在現場，我跟大家分享我們鎮公所團隊與民間團隊共同努力的工作過程。從四月開始，內部籌備、溝通至今五個月，我們歷經了公私部門之間的合作，鎮公所內部跨單位、跨課室的溝通協調，創造出過去未曾有的合作模式。我們也和苑裡九間國小、兩間國中聯合舉辦了提案說明會，觸及一千四百人次具提案人資格的兒童們。

雖然在活動過程中，還有很多可以來檢討修正的地方，一如其他的所有活動一樣。不過，我相信，在這一次的過程中，由工作團隊、青年志工（孩子王）與小朋友們共同對提案反覆修正、溝通，目標不但是為了創造友善兒童的氛圍、打造一座友善兒童的幸福小鎮，也同時放眼民主向下扎根、公共治理的新典範。

在八月十九日那一天，我們的二十位小朋友經過三個整天的學習、討論、溝通協調，總共提出了十二項提案，分別是：

①親子公園修繕
②圖書館活動（密室逃脫／一日管理員）
③出水繞淨（維護海灘環境）
④逛街看表演（跳蚤市場合併表演）
⑤下午點心（下午茶＋福利社）
⑥苑裡交通改善（公車加開班次、復駛、車上設施改善）
⑦球類比賽
⑧兒童泳池天堂
⑨電競比賽
⑩設立娛樂中心和弱勢基地

⑪節慶活動（慶祝潑水節、萬聖節）

⑫夏令營＋多元課程

接下來，在九月九日，我們會舉辦投票園遊會，讓苑裡鎮上具有投票人資格的大班至國一年紀的學生們，來投票決定公所要執行哪個方案。我相信這一票，會對他們別有意義。

在上台之前，我感覺得到小朋友有在緊張，其實我自己也相當緊張，於是，我就跟小朋友說，「我現在也滿緊張的，大家能不能幫我加油？」大家真的毫不猶豫地把手伸出來，握住我的手，我們一起大喊「加油！加油！加油！」彷彿我們真的是一支即將上場比賽的球隊。

在那一刻，我感受到了孩子們的成長。他們對故鄉的公共性有更深的感受，他們彼此之間的社群感也相當強烈，而我自己，也真真切切地感覺到了他們對我的支持。上台之後，他們的台風相當穩健，介紹得非常好，一點也沒有怯場的感覺。在台下與各界貴客為孩子們的表現鼓掌時，我深深感受到：一切都值得了。相信一起走過這五個月的團隊，也跟我有一樣的感受。

對我來說，在這過程中，感覺到兒童像是一面鏡子，提醒我們大人：民主和友善溝通需要練習。更因為大人、小孩共同參與本次活動，我們一起思考何謂民主。民主，不只是個人偏好的加總。還必須兼顧公共性，我們以審議的方式，尊重少數族群的聲音，讓公共決策更加完整、社會更加平權。

2023・9・24

苑裡童樂會

大家好，我是苑裡鎮長劉育育。本週我想跟大家分享的主題，是我們籌辦已久、非常有意義的兒童參與式預算「苑裡童樂會」，最後的投票環節與結果。

在九月九日當天，我們以園遊會的形式，來為這次投票增添歡樂的色彩。為什麼說歡樂呢？因為不管結果如何，這都是台灣史上第一次兒童參與式預算投票。苑裡踏出了這重要一步，我們應該給每一位參與的孩子、工作夥伴與家長親友們好好慶祝鼓勵一下。

在活動當天，提出這十二個提案的孩子們都有各自的攤位，來向選民們說明提案的內容。

這次投票的選民，都是大班到國中一年級的苑裡兒童、少年。他們許多人與爸媽一起，專心聆聽方案解說。符合年齡資格的小選民，手上都有一張集點卡，每聽完一個提案，才能蓋一點。必須蓋滿十二點，才能領取選票，進行最後的投票。

這樣的程序，是為了讓小選民在充分理解投票內容的情況下，再進行慎重的投票。我在現場觀察，許多小選民都很認真聽提案、甚至提出很多好問題，最後才投下自己神聖的一票。

在投票的過程中，我們鎮公所對每一個細節，都用高規格來認真面對。有正式的票匭、圈票所，也用現場的大看板進行公開計票、唱票與亮票，一切盡量模擬地方或是總統選舉的場景。

在唱票的環節中，有一個細節讓我印象深刻。在第一輪唱票時，團隊原本是由大人擔任唱票、亮票，孩子們在一旁觀看。公所的我們看著看著，覺得好像可以做些調整，就在下一輪邀請孩子們來輪流唱票，一個個排隊喊「二號一票」、「七號一票」、「十二號一票」，我們大家一起完成了開票的工作。

最後的投票結果，大家選出「電競比賽」為結果。總票數是兩百七十二張有效票，其中「電競比賽」拿下了第一高票五十二票。也就是說，苑裡鎮公所今年會有十萬元以內的預算，可以用來執行電競比賽的活動。

而在投票的攤位與流程之外，我們也有園遊會市集，市集的攤位主題，有黑熊保育、親子共學、滑板等等團隊。我自己看的感覺，現場的攤位，代表了台灣近年來自主學習社群的蓬勃。它有別於傳統的才藝班、補習班文化，更著重於多元教育探索。

舉例來說，學習滑板的社團朋友告訴我，他們不只學習滑板的技巧，也要學著「跌倒」。學習怎樣在跌倒後再爬起來、維持身體平衡、觀察路面情況與周邊環境，是養成學生健全發展與自我探索的重要過程，這讓我覺得很有啟發。

基於同樣的理念，我也是如此看待投票的結果。

不管每個提案的票數多寡，我都很肯定這十二個團隊的努力成果。孩子們練習面向公眾、說明自己的理念、說服選民投票，這個過程本身就非常重要。

對我與團隊來說，我們在這過程中，達成並學會了三個很珍貴的經驗：

①我們以小學四年級到國中一年級的同學作為提案人，大班到國中一年級的同學作為投票人，一起打造一個盡可能完善的環節，讓他們從提案到投票，決定鎮公所兒童參與式預算的用途。

②我們不只是以孩童為主體而設計活動，我們同時也培訓「孩子王」，請苑裡大專院校同學協助帶領兒童討論、投票，培訓不同年齡層的苑裡民主種子。

③在這過程當中，我們進行了跨領域的公私協力，感謝民間專家呂家華（審議式民主）、廖家弘（社工、兒童權益）、陳亞萱（親子共學）與許許多多的民間志工合力，跟我們一起完成了這項不容易的工作，創立一種民主治理的新典範。

接下來，就是鎮公所要來執行電競比賽預算的階段了！我們一定會用心打造一個不一樣的電競活動，請大家拭目以待。

2024・1・21

不一樣的立委現勘

大家好，我是苑裡鎮長劉育育。在寒流來襲的這一天，我要與大家分享一個讓人覺得溫暖的消息，就是我們鎮立游泳池設施的一場珍貴現勘。不但有中央、地方的合作，也有在地家長、孩子的共同參與，尤其孩子們在現勘中的表現，讓我感到特別驕傲。

大家應該記得，在去年九月的時候，我們舉辦了「苑裡童樂會，民主來扎根」的兒童權利推廣／參與式預算投票園遊會。當時，雖然獲得最高票、最後也順利執行的提案，是第九案的電競比賽，但其他不是最高票的提案，鎮公所也同樣地重視。

對我來說，兒童參與式預算的十二項提案，都是孩子們最真實的意見反映。它是孩子們對公共環境與社會福利政策的真實想法，就算最後不是投票的第一名，但每一案，仍然會成為公所施政重要的提醒與議題。我想，這也是重要的民主價值之一。

其中，第八案的「兒童泳池天堂」，就是我們都覺得很重要、值得來追蹤改善的一個議題。

在提這一案時，我們的提案人寫到，目前游泳池的問題，是「磁磚不平整、地板破裂」，他們也提出了問題的解決方案，分別是「半年檢查一次磁磚和設備」、「增加設備毀損的通報維修電話」等，是非常有建設性、也很重要的鎮政建議。因此，全程參加兒童參與式預算的立法委員陳培瑜，事後跟鎮公所討論，邀體育署前來現勘，並邀請在地議員翁杰、八位提案兒童以及他們的家長，一同來到游泳池畔，完成一次結合了「兒童參與式預算」與「兒少共同參與立委現勘」的工作。

在我們兒童參與式預算提案投票的那一天，陳委員不但親自出席，也專心聆聽孩子們的提案，最後全程參與投票，一起與我們鼓掌迎接投票結果出爐。因此，她不但高度認同我們這次「由下而上、由兒少向公所提案」的精神，也對游泳池設備破損、亟需經費維修的現況有所了解。

雖然鎮立游泳池的硬體設備現況並不在最佳狀態，但我們現任鎮公所團隊努力經營，請委外廠商開辦游泳課程、加強宣傳，成果顯著。過去這一年度的游泳池進場人次，是一萬二千九百七十六人，比起更前一年度的四千三百人，足足多出了三倍之多。

這個耀眼的數字，也同時證實了一個現象：在南苗海線地區，有一個永續經營的公有泳池存在，絕對有其必要性與合理性。

我們地方的孩子能夠安全親水的地方不多，我一定會盡力守護這個泳池環境，讓即便是家境清寒、負擔不起昂貴水上活動費用的孩子，也擁有水中自救與享受水中活動樂趣的機會。

在現勘這一天，我們鼓勵當初提案「兒童泳池天堂」的八位小代表，自己來介紹現況，帶著委員、體育署、議員和苑裡鎮公所民政課，一同繞行游泳池、看見問題。也鼓勵他們寫下自己對游泳池維修的建議，親自念給大家聽。

這是出席的苑裡孩子們，人生參與的第一場「立委現勘」，也是第一次「向政府提案建議」的經驗。我從旁觀察，看見每一個孩子的反應，都很不一樣。

有些人相對好奇、不怕生，可以對大人侃侃而談，甚至想知道體育署出席的副署長究竟叫什麼名字？我們便鼓勵他，「你可以自己問副署長呀！」我們的小代表也很有禮貌地向副署長自我介紹，說出自己的名字與就讀年級、班級，並互相聆聽和交換改善泳池的建議。

看到這一幕的時候，我的內心充滿了感動。

從學生時代開始，一路到返鄉從事公共事務，我參與過大大小小超過百場的現勘。但在過去的現勘，不少是氣氛十分火爆、政府與民間彼此不信任甚至對立的狀態。又或者也有另外一種現勘，是資深的民意代表在走訪現場的過程中，施展嫻熟的協調功力。雖然能夠相當程度解決問題，不過卻未必能讓每一位公民了解，這中間到底發生了什麼？為什麼委員／議員／代表說了這些話，中央／地方政府就會同意動用資源／改變政策？

我希望，在我力所能及的範圍內，可以建立一種不一樣的典範。在游泳池修繕這樣的議題上，我們可以示範一次，現勘可以用「專業、健康、公共、透明、友善、平等」的精神，各級單位在自己的權責範圍內相互合作與理解，聆聽使用者需求，一起解決地方問題。

在現場，小小公民勇敢提案，並帶領立法委員與主管機關看見問題；鎮公所事前做了萬全的準備，提出了扎實不灌水的游泳池改善現況分析與所需經費，供現場做參考；陳培瑜委員主持協調，初步盤點可用資源，安排作為中央主管機關的體育署到現地實察；體育署的同仁盡可能了解在地需求，聆聽建議，給出回饋，也對我們保持信任與友善的狀態；翁杰議員則在全程參與之後，現場承諾會全力協助與縣府協調追蹤的工作。

在這樣一個微小卻重要的議題上，我們一起建立一個新的治理模式：這項兒童參與式預算的提案，具有真實的民意基礎。雖然它並非當初最高票的議案，我們的「投票人」也尚未滿二十歲，但他們依然有權對公共事務，提出具有建設性的意見。

在場的家長也對於游泳池過去的環境表達了擔憂，說自己總是怕孩子們在游泳池被割傷腳，或是哪裡可以改得更貼近孩子的使用需求。如果這次現勘能夠促成游泳池的環境改善，他們也會十分高興。

我很感謝這些願意向學校請假來參與現勘的小小公民，與撥空一起前來的家長。雖然沒有在教室裡面上表定的課程，但我相信，這會是一堂非常重要、我們一起參與的公民課。會後，我也頒發了「小小公民」的獎狀，給他們留作紀念。

接下來，我們將持續推動現勘所討論的各項工作，相信在不久的將來，苑裡鎮就能擁有一座更安全、新穎並符合使用者需求的游泳池。

而在更遠的、未來的某一天，當「小小公民」長大，成為成年公民之後，我也相信，他們會記得這一天。而在那一天，台灣的民主政治，一定會比今天更成熟、更透明，更具有法治精神，也能兼顧治理品質。讓我們共同努力、一步步扎實地走向那一天，也一起期待那一天的到來！

2024·4·14

讓民主課不停滾動

大家好，我是苑裡鎮長劉育育。本週的週記，我想跟大家分享：第二屆兒童參與式預算，正式上路開跑！

大家應該還記得，從去年開始，我們舉辦了全台第一次的兒童參與式預算系列活動，邀請專家學者與「孩子王」（青年志工）協力，一起培力孩子，從認識民主原則、學習何謂參與式預算、練習提案、討論到投票。最後，鎮上的孩子們一起票選出「電競比賽」作為他們執行預算的計畫，提案人顧慮到不玩電競的人，也在內容中融入大小朋友可以一起交流、互動的「二手市集」。

今年，我們在回顧去年的經驗之後，加強了許多面向，推出更完整、更具民主與教育意義的方案。最重要的精神，就是要擴大社會連結，讓更多人、不分大人小孩，都加入兒童參與式預算這堂民主課裡面來。在這裡與大家分享進展：

1. 兒童參與式預算的前期籌備工作小組，加入更多在地家長

去年，是兒童參與式預算活動第一次上路。我們花了許多時間在討論究竟該如何進行，因此前期籌備的委員，除了鎮公所的同仁，還有社工、審議民主、自學家長背景的夥伴。

今年，我們在去年的經驗上，擴大招募籌備工作小組，邀集在地媽媽一起參與，希望能設計出更貼近孩子們的工作方法。目前為止，對我們幫助很大！

除了媽媽們投入密集的討論會議之外，也有許多爸媽在思考與討論過後，準備組成「繪本團」，希望能用繪本的力量，進入校園，讓孩子能認識許多雖然抽象、但與我們生活密切相關的觀念，例如人權、自由、民主參與、責任、獨立思考與行動的重要性。這樣的發想與行動，也讓爸媽的角色，在兒童參與式預算系列活動中，除了「送孩子來參加」以外，還有更多元豐富的可能。

我真的非常期待，我們活力與創意十足的爸媽們，在今年兒童參與式預算中即將迸出的火花！

2.從國小到高中校園，繼續深化民主參與精神

我們邀請苑裡所有國小、國中、高中的校長，一起召開教育座談會時，特別向校長們說明辦理兒童參與式預算的初衷與作法，並希望他們能夠跟我們一起，邀請同學來參與活動。

國小的孩子們，當然就是兒童參與式預算的主角：國中、高中階段的學生，也許已經年紀太大而無法提案、投票，但可以成為「孩子王」，一起讓活動順利進行。活動當中關於民主原則、公民素養、溝通合作與行動的部分，也與高中一〇八課綱的方向結合，對大家都是很好的學習。

在座談會中，校長給了我們許多精采的回饋，讓我非常感動。例如說，有些校長都有觀察到，在去年參與過兒童參與式提案活動的孩子們，回到校園以後，整個人變得開朗非常多，變得更活潑、主動，也更能勇敢、清楚地表達自己的意見，同時融入團體活動。

校長們也給了我們一些珍貴的意見，例如活動過程當中所體現的價值，其實可以與十二年國教的各種教育素養指標做結合，讓老師的課程也可以融入相關精神與案例。像去年投票結果的「電競比賽」，看似只是遊戲，實際上可以提煉出豐富的價值，如團隊合作、關於自由是什麼的思考等等，讓我們的行動變得更豐富。

我很謝謝校長們的專業意見，尤其開心聽到孩子們回到校園之後，狀態變得更陽光，把「表達自我意見、同時聆聽他人」的精神帶回學校。這給了我與團隊很大的鼓勵，繼續把這件事情做下去：提供給孩子們一個友善的環境，讓他們可以表達心聲、展現自我，同時又能有民主學習的機會。

3.活動資訊廣發給全台所有大專院校人文社科、公民行政、教育領域相關的系所，並前進校園宣講

正如我之前所說，雖然活動叫做兒童參與式預算，但在經歷學習與改變的，並不只有國小的孩子們。作為「孩子王」的高中生、大學生，必須非常清楚活動的主旨、價值以及核心精神，才能協助比他更小的小孩，一起完成這次提案投票。所以，在今年，我們把海報與網路訊息一一發給所有相關的系所，並安排前往政大國發所、清大人社系等校系的課堂，分享我們去年舉辦參與式預算活動的經驗。向同學說明我們的理念與價值，鼓勵台下的大家，可以來做今年的孩子王。

雖然，我原本就相信，這麼好玩的活動，一定可以吸引到相關科系的同學來參與，但政大、清大同學的熱情，仍然出乎我意料之外！不少人不但在聽課的時候，就眼神發光、躍躍欲試，活動結束後，仍然圍著我整整問了將近一小時，讓我非常開心。

這裡，我也要再一次邀集還在念大學的你，不管你是什麼科系、是不是苑裡人

／苗栗人，都很歡迎你報名成為活動志工，當上孩子王，一起來體會參與式預算的精神！

也有在地高中生、大學生參與了去年孩子王培訓和實作，分別在不同的公開場合上，向更多同儕分享成長、合作和溝通的經驗，不斷讓兒童參與式預算的影響圈擴大連結。我非常感謝這些孩子王在去年實踐中的付出，也感動他們從參與行動，找到成就感和持續成長。

4.與《少年報導者》做媒體連結，分享共同價值

就在昨天下午，我與獨立媒體《報導者》的《少年報導者》總監楊惠君有了一場對談。惠君分享他們為何成立少年報導者、培力青少年做採寫報導、媒體識讀的重要性；我也分享兒童參與式預算的經驗，與少年報導者的經驗兩相對照。

我相信，我們都在用不同的方式，觸碰一樣的價值：在這全新的時代裡，兒童與青少年的權利，應該是我們社會的重要課題。而享有權利的同時，也要學習如何成為一個權利主體，應該擁有相對應的知識、能力與意願，除了保護自己，也能體察他人的狀態、與他人一起協作，成為一個完整的人，也成為一位參與社會的公民。

2024・5・26

不簡單的鎮立游泳池

大家好，我是苑裡鎮長劉育育。在這氣溫逐漸升高的炎炎夏日，我想跟大家分享一個好消息：就在六月一日下週六，苑裡鎮立游泳池即將開放，一直到九月三十日（一），陪伴大家度過夏天。

今年度的游泳池開放時間，比往年延長開放了一個月，開放時間來到四個月。雖然看起來不是「大事」，但對於我們苑裡來說，卻是一件重要的小事。

苑裡小鎮不比繁華的市區，他們有許許多多的公私立游泳池與運動資源。普通家庭的孩子想要學游泳、親水、玩水，鎮立公立游泳池是重要的平價公共資源。如果苑裡的游泳池因故沒辦法開放，我們的孩子就必須跑到周邊鄉鎮去學游泳，十分不方便，也無形中加高了孩子學習游泳的成本。

之前週記寫到游泳池相關環節的時候，有一位家長便在我的留言區反映，苑裡鎮立游泳池如果沒有開放，孩子就要跑到台中大甲一帶的泳池去上課，家裡大人載著來回通勤的負擔不小，甚至常常壓縮到孩子的游泳時間，十分可惜。

這些意見，我都放在心裡。因此，自從上任以來，我就一直十分注重公立游泳池的修繕、維護與經營工作。上任三個月左右，我就前往游泳池進行會勘與視察。

在當時，游泳池的硬體設施，就有許多需要改善與補強的地方，我們除了一一來做改善，也對游泳池的財務狀況與經營體質進行總體評估。深入研究與計算之後，我發現，經營一座公立游泳池的成本，其實要比我們想像得更高一些。

舉例來說，光是委外營運費，一個月就會產生二十萬元的支出；去年的經驗來看，兩個月的水電費大約要六萬元左右，仍是一筆不小的開銷。有些鎮民朋友許願的「冬季溫水游泳池」，則是因為在我上任前相關設施便已損壞，維修起來也需要一筆可觀的經費。

當然，這些經費，我都在努力向相關單位爭取補助，希望盡量讓大家有更好的游泳環境，但不能增加鎮庫太大的負擔。而在硬體設施建設完成之後，也必定要達到一定的使用人次，才能在財務上盡量做到自給自足，永續經營。

所以，今年加開一個月的決策背後，其實是我們經過去年的準備與努力之後，才審慎決定開放。在去年，我們改善了之前游泳池的經營方針，兼顧公共性與損益平衡，大力宣傳泳池設施環境改良、乾淨水質、親切的管理人員與游泳課程，爭取鎮民朋友的認同。在過去這一年度，苑裡鎮立游泳池進場人次是一萬二千九百七十六人，比起前一年度的四千三百人，足足多出了三倍之多，才能夠在今年做到延長開放。

而在這游泳池未開放的冬天，我們除了進行必要的管理維護，同時也讓游泳池成為苑裡孩子民主課堂的教室。

去年九月的時候，我們舉辦了「苑裡童樂會，民主來扎根」的兒童權利推廣／參與式預算投票，當時，有許多孩子都支持第八案的「兒童泳池天堂」，希望能改善泳池環境、讓他們安心親水。雖然最後這一案沒有獲得最高票，但仍然有非常強的民意基礎，得到了許多孩子的支持，我們十分重視這個提案。

我們除了著手改善孩子們提出的「磁磚不平整、地板破裂」、「增加設備毀損的通報維修電話」等問題，也邀請中央主管機關體育署、立法委員陳培瑜辦公室、地方議員翁杰等民意代表，一起來與孩子們進行一場會勘，讓他們有機會在正式的會勘場合，練習說出自己的意見。

在那一天，就「游泳池修繕」這個議題，我們好好示範一次「專業、健康、公共、透明、友善、平等」的民主課。我們苑裡的小小公民，也根據自己使用游泳池的經驗，勇敢而條理清晰的提案，帶領立法委員與體育署看見問題、爭取改善。當天的場景，至今仍歷歷在目，讓我印象十分深刻。

就在下一週，這座由苑裡孩子們參與爭取改善的游泳池，即將正式開幕。大家可以親身體驗一下，經由使用者提出建議而修正的公共空間，是否更符合每一個人的需求。而我相信，維護、修繕、改良公共設施品質，也是一條永無止盡的道路，永遠都有更進步的空間，所以，也很歡迎大家隨時提出意見、反映問題。

讓我們在游泳池裡鍛鍊身體、游向前方，而與此同時，也在基層民主實踐的道路上繼續認真划水、越游越遠。

2024.10.20

帶著「未來」的眼光思考

大家好，我是苑裡鎮長劉育育。在這一週，我想跟大家分享：我們推動的兒童參與式預算政策，已經正式進入第二年了！

第二年工作開跑之後，我有一個很深刻的感受：有了第一年的工作做為基礎，我們在第二年執行起來的感覺，少了一點不確定、多了扎實的感受。參與在工作當中的人力、願意協助我們的夥伴越來越多，感受得到活動跑起來的時候，越來越有力量。

今年的參與式預算，原理跟去年一樣：鎮公所的十萬元兒童節預算，我們不會用傳統的方式來執行，而是引入參與式預算的精神，讓兒童節的主體、也就是兒童自己，來決定這筆預算要怎麼花。

經過兩年的社會溝通、宣傳，今年總共有四十位兒童、少年參與提案，三十六位大專院校生和高中生來擔任「孩子王」，跟我們在地的志工媽媽一起，經過受訓之後，一起陪伴兒少學習，究竟該如何用民主的方式，決定我們預算的用途？

這個學習的過程，一點也不簡單。我們用了四天的時間舉辦「小小公民夏令營」，大家除了一起學習聯合國《兒童權利公約》的內涵與精神，也要了解我們台灣的政府部門組織原理，尤其是「預算」的性質、鎮公所的架構，究竟哪些事情是十萬元預算可以做的？怎麼樣的提案才是合理，而且可以執行？

看著孩子、「孩子王」、工作人員和志工媽媽們，一起在這些過程中，反反覆覆地練習，感覺得到大家對於公共事務的「手感」越來越好，讓人非常感動。

同時，我也感覺得到，我們的行動影響力開始跨出苑裡，慢慢擴散到台灣的其他領域。舉例來說，知名台灣優質媒體《報導者》旗下的兒少媒體《少年報導者》，就來到苑裡，對我們的活動進行詳盡的報導。

在這週六，我們也接到台北大型兒童盛事「兒童未來市」的邀請，來到台北總統府前的凱達格蘭大道上，跟全台各地的團體、關心兒少教育的朋友進行交流。在「兒童未來市」活動中，蕭美琴副總統、文化部李遠部長、各相關部會官員也都先後來到現場，聆聽我們的經驗與聲音，對我們每一個人來說，都是非常珍貴的體驗。

特別想跟大家分享的是，有許多參與活動的苑裡孩子，其實是第一次來到台北。我很開心，這繁華的台北城，帶給他們的第一印象是如此溫暖、友善且具有進步性的活動。而且，這次是把我們在苑裡的實踐經驗帶到台北，與大家分享，我相信可以帶給他們更多的地方驕傲與自信心。

我相信在未來，這些種子都將開花，長成我們意想不到的果實。這一切，都是因為我們扎扎實實地去把工作做起來，不畏懼一小部分的人嘲笑我們「小孩又沒有票」、「做那個都是扮家家酒」，而堅持把活動好好辦好，執行到第二年，自然而然就有更多的能量動起來，加入這個好的循環。

而就在這一週，我們苑裡鎮公所也獲得了一個意義非凡的獎項：信義房屋二〇二四年社區一家「全民社造行動計畫」幸福社區類首獎！這個獎項第一次有地方政府機關獲獎，也是對我們社區營造能力、工作成果的高度肯定。

凡此種種，都在告訴我們：在未來的時代，由下而上、自我組織、公私部門協力的文化，一定可以帶著我們找到共好生活的新方向。

我期許自己，除了解決當下的鎮務議題，也可以用這種帶著「未來」眼光的思考方式，在我的任期內推動有遠見的施政。而關於孩子、關於兒少的參與式預算教育，就是這施政核心精神的體現。

是的，這些參與兒童參與式預算的孩子，今天還不能投票，但總有一天，他們會取得投票權。我們的公民教育，不能從拿到投票權的那一天才展開，而是應該以十年做為尺度，來思考苑裡的明天、也思考台灣的明天。

十年之後，這些八歲的孩子們，就是十八歲的大人了。他們有權投票選鎮長、選立委、選總統，他們會一起來決定我們未來生活的模樣。

他們會怎麼看待故鄉？怎麼看待每一個不同的「地方」？他們會有怎樣的政治取向與基本價值觀？

如果我們能超越四年一次的選舉節奏，以世代為單位，來思考這些問題，今天的兒童參與式預算活動更顯得意義非凡。

現在再談「民主扎根」，感覺好像已經有點老生常談，但，我相信，民主扎根的精神確實就在於此。我們不同世代的每一個人，都是這個社會的一分子，我們對世界的認知與行動，都會彼此影響。

如果我們希望台灣的公共討論空間更好、更寬廣，公共政策更符合我們的標準與想像，那麼，從不同面向下手改變它，就非常必要。

最後，大家可能會好奇，我們今年的兒童參與式預算票選結果，要怎樣來使用這十萬元呢？

根據大家投票的結果，在苑裡體育場設置「半戶外遊樂場」提案獲最高票。包括在盪鞦韆設施上加防曬遮棚、增設置物區、整建噴水池等等，都是這個方案的內容。

我們鎮公所同仁，最後將遵守這個選舉結果，在年底舉辦「兒童空間工作坊」，將這些想法落實，最後按照程序發包、施工。這，就是我們想送給苑裡小朋友的兒童節禮物。我相信這個禮物，會陪他們走得很長、很遠。

第三章
活躍老化

在二〇二五年，台灣即將面臨超高齡社會的挑戰，六十五歲以上的人口數，將會占總人口數的百分之二十。這意味著，每五個台灣人裡，便有一位是過去定義的「老年人口」。

對於全人類而言，這都是一個險峻的挑戰。我也看得到中央政府為了這個議題，做出了許許多多的政策因應、編列預算，希望可以讓台灣平順地度過這個難關，應對人口結構變化。

然而，我也看見，許多政策從中央制定時，可說是立意良善；然而，到了地方的層級，法令與制度的能量一層層傳遞到縣市、鄉鎮市區時，未必能夠真的實踐得這麼好。

而我，在鎮公所這個層級服務，可說是台灣地方自治的最小細胞機構，究竟該怎樣盡一己之力來面對這個問題？如何落實、甚至放大中央給予我們的資源，協助長者有尊嚴地老去？

我可以很直接地說，在過去，台灣的長者照顧政策，過度偏重於「現金發放」環節，這是不夠的。

並不是說發放現金不重要。我出身基層家庭，我深深明白，每逢年節，如果能有一筆現金收入，長輩與爸媽的負擔可以減輕很多。

我要說的是，僅僅發放現金還不夠。在現金之外，我們必須加上更多政策來配套，才能讓「老去」這件事情成為令人安心、平和而有尊嚴，甚至是令人期待的一件事情。

上任兩年來，我在敬老現金發放總數不變的情況下，邀集專家學者、訪談在地耆老，針對苑裡長輩在健康、安全和營養上的需求，設計了三種敬老禮包——「保命防跌禮包」、「防災避難禮包」、「營養小農福袋」，讓長者參與投票，決定自己的敬老禮金預算花費方式。

截至二〇二四年底，在全體團隊將士用命的情況下，這個計畫達成了不錯的成績：巡迴全鎮共計三十八場次、深入二十五里、接觸近千名長者，最後大家投票選出「保命防跌禮包」。在里幹事、里鄰長協助發放後，更有跨領域整合的志工朋友巡迴教學超過二十三場，讓更多長者了解運動的樂趣與重要性。

與此同時，六十五至七十九歲長者春節敬老禮金現金一千元、八十歲以上三千元，依然順利如期發放，多元關懷，讓苑裡長者的幸福全方位齊頭並進。

回顧這段過程，我內心有很深的感慨。在「保命防跌禮包」中，有一樣禮品是保濕乳霜。為了鼓勵、教導長輩們使用它，我在巡迴教學時，會親手替他們抹塗手腳，讓他們明白皮膚保濕的重要性。

當我觸碰到長輩的手腳時，許多人非常地開心，也會主動與我分享，自己手上、腳上各式各樣的傷痕、彎曲的形狀，都是他們自年輕時勞動留下來的軌跡。這段過程讓我看見，他們年輕時所受的傷，如何改變他們雙手、雙腳的形狀，成為生命的印記。

有些人曾經在工廠操作衝床（衝壓機）時，手指不慎被壓到，留下永久的斷痕；有些人在從事危險工作時，跌倒骨折；有些做土水工程的長輩，指甲永久破損。

這些點點滴滴，都是台灣經濟發展的活歷史，也是一個又一個的生命故事。當長輩們開始述說這些故事，同時也更能打開自己的心房，體察自己現在的身體與心理需要，進而接受專業者的意見，更注重自己的健康。

經歷這個過程時，長輩們自主運動、愛惜身體的意願提高，我們的敬老禮品組合，便可以發揮更大的功用。

如此說來，我們所做的事情，好似在扮演一個「橋樑」，連接過去與現在的記憶，讓台灣在都市化、工業化過程中，在人們身上產生的大大小小的傷害與斷裂，得以被細細縫合。

我生於一九八六年，我與我的同輩是在都市化後成長的第一代。現在，我們來到了中年，要面對「都市化、大家庭消逝之後」的第一波安老工作。這任務並不容易，所以，如果為人晚輩的我們，走得跌跌撞撞，也不要氣餒，要給自己多一點肯定與鼓勵。

而我，正是以這樣的心情去扮演鎮長的角色，期待讓苑裡鎮的長者們，能夠老得更快樂。

以下的章節，就是這段過程的初步記錄。收錄我從第一次開始撰寫與長者相關的政策週記，一路走到「保命防跌禮包」上路，並搭配其他安老政策實施的旅程。

2023．10．15

自主、活躍、多元的老年生活

大家好，我是苑裡鎮長劉育育。在這一週，我想跟大家分享一個「我們大家未來都用得到」的公所附屬設施，就是我們鎮上的老人文康中心。

說到老人文康中心，大家可能都不陌生，卻又未必知道它在做什麼。我們苑裡鎮的老人文康中心，一間位於苑東里、另一間坐落在舊社里，是專門給苑裡地區六十歲以上長輩活動的空間。

我上任之後，有時會到文康中心與長輩交流、同歡，了解到現在的文康中心設施以按摩椅、乒乓球桌、卡拉OK為主。大家特別喜歡與朋友一起在中心舞台上展現好歌喉，我也曾經被拱上台與大家一起合唱，得到歡樂又特別的體驗。

不過，每次從老人文康中心離開之後，我總是在思考，除了這些溫馨、歡樂的體驗之外，還有沒有更多可能？現行老人文康中心開設的課程，是不是有可能更多元、更不一樣，讓我們苑裡的銀髮生活更精采？

今年，我們在現有的預算與條件之下，努力開設了一些很不一樣的課程：我們的里幹事奕帆，發揮自身的專長，教導長輩打桌球；返鄉青年、鎮上知名的髮型師、苑子Hair Studio的Leo來教長輩如何剪頭髮，這樣大家想替小孫子剪頭髮的時候，就可以掌握更多訣竅；龍德家商家具木工科的老師們，也回饋地方，來開設簡易的木工課給大家動動手、自造生活工具。

從下週開始，龍德家商烘焙食品科的老師也會加入我們的師資陣容，來一堂不插電烘焙課程，讓大家學會自己動手做小點心。

在這些課程與活動當中，有一個關鍵字與一個日本的社區，一直常在我心中浮現。這個關鍵字，是活躍老化（active aging）；而那個日本的社區，則是位在愛知縣豐田市的足助町。

「活躍老化」的概念，由世界衛生組織（WHO）在二〇〇二年提出，意味著「提升民眾老年期生活品質，並達到最適宜的健康、社會參與及安全的過程」。老，並不意味著「靜止」、「停止」，而是可以活力充沛、充滿熱情與新鮮事。在實踐活躍老化過程中，結合社區資源、社區空間與返鄉青年，一起打造一個所有人都不會恐懼老化的未來。

在我心目中，如果要找一個活躍老化的實際案例，足助町是一個很棒的例子。在二〇一八年，我曾經以地方創生團隊的身分，隨文化部的行程前往日本足助町交流。

在交流的過程當中，我對一句話印象非常深刻：「最好的長照，是延長長者『覺得自己有用』的時間。」足助町的行動，可以說是努力在實踐這句話。

在足助町，有兩個結合地方創生與活躍老化的場所：其中一個名為「三州足助屋敷」，目標是重現傳統山村生活和傳統工藝；另一個讓我印象深刻的「百年草」，則是結合旅館、餐廳、溫泉、火腿和麵包工房的社福機構。

百年草雖說是社福機構，卻完全顛覆人們對於「照護」的想像。在熟齡媒體《50＋》一篇〈用新的方法，創造自己的理想老後〉報導中，有清楚的記載：

因應絕大多數高齡工作者的體能和生活，公司也設計出不同的勞動型態。例如，以一年為單位，受雇者可以選擇只在觀光旺季工作、一天最短四小時的排班等。

……沒有醫院的冰冷氛圍，取而代之的是溫馨、提供高齡者住房優惠的旅館、美味的法式餐廳，以及讓爺爺、奶奶們大展身手的「Zizi工房」和「芭芭拉House」。

Zizi和芭芭拉（Baba），在日文當中即爺爺、奶奶之意。「Zizi工房」的主打商品是十天以上手工熟成的燻肉、香腸，「芭芭拉House」則是麵包店。

百年草的事業部部長鈴木良秋則認為，不需要將高齡者特別化。大部分的一般事務，高齡者都能夠勝任。同樣的，他們所販售的商品也不以「爺爺奶奶製作」為訴求，而是強調商品本身品質良好、值得購買。

像這樣的事業體，很明顯地，很值得我們來學習、思考。我們每一個人都會老，如果苑裡可以成為一個有百年草這種機構的地方，讓我的老年生活可以「自主、活躍、多元」，我想我會覺得很安心、覺得即便老去之後的生活也值得期待。

我希望可以與團隊一起，打造苑裡鎮成為這樣的地方。邀請每一位未來會在苑裡老去的你，一起加入！

2024・2・18

老去的生活也值得期待

大家好，我是苑裡鎮長劉育育。農曆新年剛過，傳統上是闔家團圓、向長輩拜年致上敬意的時節，相信大家都享受了這段難得的時光。在開工的第一週，我想跟大家報告一個消息，表達鎮公所敬老尊賢的心意，也展現我們面對超高齡社會的專業知識與超前部署。

苗栗縣政府為了向長輩們致意，今年特別邀請十八個鄉鎮市公所共同發放敬老禮金，只要公所提供長者敬老禮金達一千元，縣府就另外補助發放兩千元。所以，鎮公所在去年編列預算，提高了長者敬老禮金整體預算。

六十五歲至七十九歲的鎮民朋友，春節、端午節與重陽節都可以領到各一千元；八十歲以上鎮民朋友，公所春節敬老禮金三千元也沒有少，端午節與重陽節也可以再領到各一千元。

雖然這金額對鎮庫來說不是一筆小數目，但飲水思源、敬老尊賢，是為人晚輩應有的心意。我們歡喜付出，祝福每位長者健康平安、歡喜吃百二。同時，我們也將更謹慎使用其他預算，讓鎮上每個年齡層、每個領域的預算，都得到均衡的分配與利用。

為了表達尊重長者的心意，今年，除了現金給付之外，我和公所團隊也在討論，希望讓長輩們透過一定的程序，共同挑選喜歡的禮品。這也是近年來提倡的，要讓長者在社會福利預算，擁有更多「主動性」的原則。

除了這些我們熟悉的「現金給付」和「實物給付」福利政策之外，我最想要實踐的理想，其實是我在競選期間提倡的：因應超高齡社會所需的長照政策，就是打造一個「即便老去之後的生活也值得期待」的社會。

先前的週記分享過，我曾經到日本足助町參訪，看見了當地以傳統工藝作為介質，使用旅館、餐廳、溫泉與麵包工房等形式，讓老人家的生活充滿了活力、熱情與學習的氣氛，巧妙結合社區資源、公共空間與返鄉青年的力量，讓大家「老」得很有趣。

受到這些啟發，我也努力在有限的年度預算中，變化出符合「活躍老化」精神的施政。例如，改變我們鎮上老人文康中心的課程內容，安排桌球、剪髮、木工和烘焙課程。

在學習新技藝的過程中，長輩們的生活想像也因此有所不同。有些阿嬤開心地告訴我，她下次可以親手幫孫子剪髮，留下難忘的祖孫回憶；也有阿公烤出自己非常滿意的餅乾，說要回去與家人分享，讓家人對他刮目相看。

對我來說，這些時刻，會讓我們距離「值得期待的老去」更近一些些。

新的一年，苑裡鎮的長者長照／社會福利政策，將會致力於在「現金給付」與「活躍老化」之間取得平衡。發放節日禮金，讓大家馬上獲得可以使用、購買喜歡物品的現金，當然非常重要，但我與團隊不會就此覺得責任已了。

我們會持續改善鎮上的無障礙活動、步行空間，設計更多適合長者的活動課程，多方關懷長者的身心需要。與此同時，多多創造「青銀交流」的空間，讓長輩的智慧與關懷可以傳承給下一代，青年人的活力與創意也能帶給長輩們更多的歡樂。

我在苑裡出生，也將在苑裡老去。有幸在鎮長的位置上，打造一個更好的老化環境，我會好好珍惜這樣的機會，讓「活躍老化」、「安心老化」成為苑裡鎮的標誌，在三節禮金之外，建設更多長期、永續、無形卻重要的基礎設施。

苑裡鎮高齡人口已經突破百分之十八，但這個不斷增長的數字，在不同的框架和政策思維下，象徵的意義也不再相同。

邀請大家與我們一同前進，認識「老去之後的世界」，親手打造一個「快樂老去的社會」。希望有一天，各地的政府與團隊，也能如去到日本足助町參訪一般，來到苑裡鎮參訪我們為這一切所做的努力。

2024.7.21

送禮送到心坎裡

大家好，我是苑裡鎮長劉育育。在這個禮拜，想跟大家分享我與團隊近日來忙碌的「苑裡敬老計畫」詳情。

在之前的週記曾說過，我期許自己以日本足助町等模範社區為例，以活躍老化為原則，與大家一起打造一個「值得期待的老後生活」。這是我對老年政策的理解，以及公所目前施政的方向。

今年，鎮公所在發放「敬老禮金」之外，進行的「敬老禮品計畫」嘗試，就是實踐這些理想的第一步。

在去年底，我按照過往慣例，請公所同仁編列敬老禮金現金給付的預算，預計在一一三年度有八千四百位長者可領取敬老禮金。

鎮公所共計將支出一千三百二十萬元，並經鎮代會審一一三年總預算時通過，配合苗栗縣政府編列給每位六十五歲以上縣民兩千元的禮金，於春節、端午和重陽三節發放。

所以在今年，六十五歲至七十九歲年齡區間的長者，可於三節陸續收到全額共三千元的禮金；苑裡八十歲以上的長者，則於三節會陸續收到全額五千元的禮金，是全苗栗縣最多。

敬老禮金，是各地方政府依據當前施政和財務狀況，自行決定名稱態樣、資格條件和額度的設定，無論是稱作三節禮金、敬老禮金、生日禮金或是其他名稱，都是基於我們台灣社會對長輩的尊敬、愛護之意。

關於苑裡鎮公所這一筆敬老禮金支出，隨著整體禮金額度調漲和六十五歲人口快速增長，今年總支出達一千三百二十萬元，屬於社會福利中必要的支出。

不過，也因為預算不斷增編，我在上任之後，一直都在思考，要如何好好運用有限的鎮庫資源，在財務自律的情況下，可以真正做到對長輩更好，給苑裡鎮的大家更優質的老年生活品質，更有尊嚴的在地老化和活躍老化？如何在鄉鎮的層級上，更貼近和關懷的長者真正需求？

今年，我們除了維持發放禮金之外，還想要更進一步，試試看做得更多。

我先仔細看了苑裡當前的人口結構，在二〇二四年，六十五歲以上的長者人數共計八千二百三十九人，占總人口數百分之十八點九，非常接近超高齡社會（六十五歲以上人口占百分之二十）的體質。

在這樣的前提下，未來青壯年人口的扶養責任會越來越重，我們必須全方位地思考我們的老人福利政策，讓我們的社會結構「轉骨」，變得更強壯，才能扛起這重要的責任。

我們經過仔細計算過後，先確認大家收到的禮金並無比往年更少、甚至是更多。隨後，我們在今年的預算當中約五百萬，設定「敬老禮品」參與式預算，邀請長者一起討論、挑選禮品的方式，來辨識苑裡內外區的老人相關議題。我和鎮公所社會課和里幹事，為了與長者能面對面討論，設定六十天的下鄉巡迴，傾聽長輩的想法。

下鄉之前，我們邀集專家學者，包括我們苑裡在地的醫護人員、社工、職能治療師、社會賢達、長輩耆老、社區青年等。我們請教這些在地的專家，在他們的觀察裡，苑裡的老人家究竟需要什麼？

這些在地的專家與耆老們告訴我：

①長者很怕摔倒，衛福部調查長者意外身故原因，其中名列前茅者就是「跌

倒」。主要是因為人上了年紀之後，各項機能退化，肌肉不夠有力，需要養成良好的運動習慣來預防。

②除了固定運動、培養肌耐力之外，也需要補充優質的營養素、蛋白質與脂肪。

③在天災或其他緊急情況下，長者是特別脆弱的人群。給他們的防災準備方案，必須特別針對長者的需求做設計。

因此，我們針對這三類需求，設計了三個組合的禮物，分別是「健康運動」、「防災避難」、「營養均衡」。

我們在下鄉巡迴說明會上仔細向大家解說，並收集大家的想法與意見。最後，在每一次的說明會末尾，發給大家貼紙，讓大家票選自己最想要的組合，也提供我們最後的採購參考。

每一個組合，都有我們獨特的問題意識，也是我們面對超高齡社會挑戰的答題嘗試。在跟大家解說之後，會開放討論、收集回饋，讓大家用貼紙投票，看看哪一個選項得到最多票數，就會成為我們在重陽節贈送給長者的「敬老禮品」。

這三個組合，都分別有一個清楚的方向，是我們經過調查、研究之後，為六十五歲以上鎮民朋友，設計的一份照顧與祝福。這份祝福，是希望苑裡的每一位鎮民朋友，能有更健康、快樂與自在的老後生活。

迄今為止，我們已經舉辦了二十四場說明會，目標舉辦三十至三十五場、直接觸及八百多位長者。如果這個目標順利達成，便會觸及到六十五歲以上人口的百分之十。此外，除了希望盡可能觸及更多長者，我們也會注意地區、性別、職業、健康程度等元素，希望能夠做到取樣的平衡。

根據這樣的方針，我們盡可能聯繫苑裡的老人關懷據點、廟宇、教會，爭取更多與長者互動的機會。

在巡迴說明的過程中，我發現許多長輩，都對防災避難包中的「警示器」很有感。因為長輩們也會煩惱，萬一自己不小心滑倒或身體不適，但卻因為種種原因，無法以響亮的聲音呼救時，警示器便可以發揮作用，吸引旁人過來協助。或是有長者跟我們表達，期待營養均衡禮品選項中，可以採購苑裡在地小農產品，也為地方的發展著想。

也許，看了這麼多之後，依然有人會說：想這麼多，其實直接發給現金，豈不是更快、更方便？

確實，現金可以讓大家自由使用，又可以緩解一些直接的經濟需求，確實有不可取代的功能。但在「經濟安全」（發放現金與實物）的面向之外，社會福利還有其他的面向與形式，例如社會參與（活動、課程、社區關懷據點）、醫療照顧（復康巴士、長照政策）等。更多元的政策，才能滿足大家食衣住行育樂不同面向的需求。

換句話說，不只我們的飲食需要均衡，我們苑裡鎮的預算使用方式也需要均衡。在現金領取總額不減少的前提下，我們希望透過這些新嘗試，為苑裡的未來找到更多可能性。

我印象特別深刻的是，在社區巡迴的過程中，有一位百歲的老人家，也來到現場聆聽說明會。我特別以這位長輩來勉勵大家，「跟這位前輩比起來，大家現在六十、七十歲還是算『幼齒的』、很年輕的！」現場的大家聽了之後，笑得很開心，帶著很不一樣活力與熱情，讓我也受到了感染，心情非常愉快。

這次在發放現金之外，能夠貼近老人家的需求、貼近他們的生命，與他們一起練習，在變老的同時，依然可以活躍於社會各領域並參與公共生活。

我們想做的，比發放現金更多一步。正是因為發放現金不能解決全部的問題，所以我們才必須做得更多。

我也想特別跟苑裡的所有青年夥伴溝通，敬老計畫是一項不只針對長者設計的計畫。

我自己跑了這些場次後，獲得深深感觸——人們在老化的過程，可能最大的期待是能有健康的身體、有尊嚴的老化；最深的擔憂是如何避免成為下一代的負擔，希望下一代不要擔心他們，好好在外工作。

尊嚴老化，其實包含身心靈照顧，政府、社會和家庭大家彼此合作，成為長者的支持體系，讓長者和年輕人都能無憂。

如果你是在外工作的苑裡年輕人，剛好看到這一篇文，可以的話，也打一通電話回家。而公部門也要從中央到地方，盡可能與民間社區通力合作，營造更友善銀髮、更支持活躍老化的環境。

唯有我們彼此互助，長輩們才會真正過得好。一個社會的老年人口過得健康歡喜，社會裡的每一個人才能過得越來越好。這些政策方向，不僅僅是為了親愛的長輩，也為了我們每個人自己的未來。

2024．8．11

科學抽樣，細緻討論

大家好，我是苑裡鎮長劉育育。今天，我想要跟大家分享，我們的敬老計畫，在本週五上午舉辦了第一次的「抽樣會議」，跨出了我們跟長者一起做參與式預算的第一步，也是我們實踐基層民主練習的重要一步。

誠如先前的週記提到，今年苑裡在敬老禮金「現金領取總額不減少」的原則下，另外加碼老人多元社會福利、活躍老化政策的創新嘗試。

在一一三年度，苑裡共有約八千四百位年滿六十五歲以上的長者。針對這八千四百位長輩，我們希望以「參與式預算」的精神，到苑裡鎮二十五里下鄉巡迴，盡可能讓大家一起來討論、決定，什麼樣的重陽敬老禮物，才能真正符合長者的需要？

這樣的深度討論，要觸及到全部八千四百位長輩恐怕不太可行；但觸及人數比例若太低，又無法讓大家的意見獲得充分聆聽、表達。所以，我從一開始推行敬老計畫，便給自己設定一個目標：我和公所團隊，要與全苑裡鎮至少百分之十的長者面對面，好好一起討論老人多元社會福利的議題。

在這樣的大方向之下，除了重「量」、還要重「質」。

我們不但到全鎮十五處社區關懷據點、四處不同宗教信仰中心、三處學習型據點、社區活動中心或是各社區重要節點，甚至造訪老人養護中心，去了解不同身心狀況、不同生活圈、不同性別的長者，各有什麼不同的意見。

我們更在執行過程中，引進了在地士紳、專家學者的意見，運用專業的社會研究方法，設計完善的「抽樣」方法，讓更多元、異質的長者群體參與討論，也讓討論過程融入更具有人口代表性的意見。

八月九日週五上午，我們在公所舉辦了敬老計畫「抽樣討論」第一場次。開場時，我先向大家說明：我們這一次，將所有的苑裡長者資料，分成內外區的不同生活聚落村里，並以電腦亂數抽出人選，一一電話詢問是否來參加會議，邀他們對於敬老禮品項目提供意見、並非參與最後投票。

若有長輩有事不克前來，我們也會按照抽樣原則，繼續詢問與他同一分組的其他長者，維持抽樣的代表性。

而我們這一次的「生活聚落」方法分類，是按照苑裡的環境紋理、人文條件與社群性質做分類。在第一階段，將苑裡二十五里中的十二里初步分為（此為第一階段抽樣，下週有第二階段，將涵蓋其餘十三里）：

①外區街仔：客庄、苑南、苑東、苑北、房裡、西勢

②海口區域：苑港、西平、海岸

③移居、田園：山柑、新復、田心

這種分區邏輯，是希望盡量將苑裡傳統的「內區」／「外區」、從沿海到淺山地帶、近海漁業區到優良農業區的特性，以及分布於其中的居民人口特性都納入考量，盡可能讓所有群體的苑裡長者，都有機會表達意見。

在說明會上，我模仿知名的花生廣告，跟大家開玩笑說，「各位都是用電腦挑出來的！」讓大家紛紛笑出來，了解到電腦不只會挑土豆、也會協助我們挑選公共參與的成員，一起讓民主前進，實在是很趣味。

抽樣會議上，我們向大家展示現有的三個敬老禮品提案，是在我們精心調查、訪問過學者與在地醫護專家之後，設計出的三個草案：

「運動組」：含彈力帶、彈力球、止滑地墊等，要送長者「行得安全」

「防災避難包」：含手電筒、警示器、簡易醫療用品等，要送長者「住得安心」
「小農營養包」：含五穀米、碘鹽、黑芝麻粉、堅果等，要送長者「吃得營養」

這三種組合，各自對應到老齡人口的不同身心需求，不只是追求「皆大歡喜」的禮品，而是帶著「問題意識」來使用公家預算，希望給予長者們最好的陪伴與祝福。

八月九日週五早上的抽樣會議上，我們把長輩分組、分桌，並由鎮公所同仁、苑裡青年志工共同擔任桌長，引導大家討論、發表自己對每一組禮物的意見；也讓大家思考，「哪一個禮物，你覺得長輩最需要？」最後再進行投票。

經過這次抽樣會議，有幾件讓我非常有啟發的事情，想與大家分享。

首先，因為這次的討論程序，採取社會科學的抽樣方法進行，所以來到現場的長者們，彼此之間多半不認識。

這意味著，就在這一天，我們苑裡對於「公共意見」的多樣性邊界，又拓展了一點。平日不常參加社團活動、不一定常常參與政治的鎮民朋友，也因為「抽樣」方法的嚴謹與完善，而慢慢開始被我們「call 出來」（真的是打電話 call 出來）參與預算運用的討論。我認為，這是一個非常好的現象。

其次，因為大家彼此陌生，我們採取「桌長」制度來帶領大家討論。大家本來不認識，都是從不同里抽樣過來的，一開始可能有點不熟悉，但討論起來以後，化學反應跟平常的感覺也很不一樣。

正因為「本來不認識」，反而創造了跟平常社區活動很不一樣的氛圍。我感覺得到，在討論的過程當中，大家都在謹慎地學習表達自己的意見，同時，也認真聆聽別人的意見。許多長輩是第一次參加「桌長帶討論」制度，他們告訴我和工作人員，這真是很新奇的一次經驗。

在投票的過程當中，我們為了不要讓大家被其他人的意見影響，決定採取不記名投票方式，確保大家都依照自己的本意來投票。

而在討論的過程中，我們不會硬性規定大家只能從這三個組合中做「三選一」，而是可以針對每個組合裡面的禮品，進行細緻的討論。也許最後，我們送出的組合，會是由好幾個不同組合裡面，「跨組選擇」出來的全新組合也不一定。

正如我之前在其他說明會上聽到的聲音，許多長輩對於「防災避難包」的「警報器」非常有感。大家紛紛反映，這應該可以幫助他們在災後更快被發現、獲得救援。

甚至有長輩告訴我，認識一位最近去田裡工作中暑的朋友，因為喉嚨無力發出聲音延誤了就醫時機。如果當時他身上有警報器，也許就有機會更早被發現了。有一位長輩在會議結束後，有感而發地告訴我們工作人員：他覺得，最後到底會選哪一種禮物，已經不是真正最重要的事了，「最重要的事情，其實是鎮公所願意開放討論、讓我們發表意見，而不是公所自己選一選就送掉了。」

聽到這樣的回饋意見，我非常感動，也感觸良多。

事實上，我們在開始執行這次的苑裡敬老計畫、希望導入參與式預算原則時，也收到許多不解與質疑。同仁告訴我，大約有一半的長者接到電話時，覺得鎮公所為何要這麼麻煩，「政府送什麼我都會收，隨便送什麼都好」，讓大家感到小小的挫折。

但在計畫開跑、討論上路之後，氣氛開始變得很不一樣。長者臉上的笑容、眼中散發出光彩，讓我知道，一切都會值得。

截至目前為止，我們已經舉辦了三十五場討論會，餘下三個場次很快就會舉辦完畢。我們也正在規劃，隨著部分長照 2.0 支持的「長者送餐」路線，拜會較無法走出家中的長輩，一對一與他們討論。

結合科學的抽樣方法，以及著重辦理討論會的地理分布廣度，目前已蒐集到八百二十一位長者的投票表示意見。下週鎮公所舉辦的另一場次抽樣討論會議上，將有更多鎮民長輩可以針對我們的敬老禮品預算，投下神聖的一票。

一切程序完備後，我們會公布最後結果，並由鎮公所依政府採購法等相關程序，進行公開採購，將禮品送到各位長者的手上。

經過我們初步的調查，應該只有苑裡鎮在「鄉鎮市」這一層級，可以將「參與式預算」的理念，做到如此的細緻程度。我要謝謝每一位參與的同仁、民間協力者、專家學者與熱情投入的鎮民朋友，我們值得給自己一個鼓勵。

對我來說，真正的民主，就像在磨咖啡豆。磨豆子的機器，其實可以選擇不同的顆粒度，我們現在在做的，就是試著把豆子磨得更細，釋放更多不同的味道與香氣，讓我們更了解自己、更了解彼此，也能夠持續在公共的道路上實踐，打造不一樣的新政治。

2024．10．13

幸福的在地安老

大家好，我是苑裡鎮長劉育育。本週十月十一日（農曆九月初九）是我們傳統的重陽節，各級政府機關、民間團體，都有舉辦大大小小的敬老活動。苑裡鎮公所也一樣，在這個季節轉換的時節，對長輩表達我們的關懷與照顧的心意，補助各社區，辦理共二十九場長壽會敬老餐敘，邀請長者出來走走、多多與左鄰右舍互動。

在這裡，除了祝福鎮上每一位長輩重陽敬老佳節快樂，我也想趁這個機會，再談談我對「老」的想法。

前一陣子，我們為了鎮公所敬老計畫，舉辦了三十八場下鄉巡迴說明會，與長輩們面對面討論社會福利。除了說明政策，我也留下時間，聽聽長輩的想法：關於「老」，他們最擔心什麼？最害怕什麼？對於他們來說，「老」的過程當中，最讓他們煩惱的是什麼？

我想告訴大家，我從長輩的言談當中，歸納出一個很令人心疼的結論：長輩們最擔心的，就是怕自己生病、受傷，變成一個沒有用的人、變成子女的負擔。在內心深處，他們對於自己的老去，充滿了恐懼與不安全感。

因為我們的社會，對於「老」這件事情，在過去都理解得不夠深、不夠完整全面，甚至常常是避諱談這件事情。這讓老化時刻來臨的時候，我們缺少真正充足的知識與智慧，來面對我們的身心機能逐步衰退的過程。

舉例來說，很多子女都對於「勸長輩看醫生」很苦惱，覺得長輩怎麼都不願意去醫院做正規健康檢查、諱疾忌醫。實際上，不是他們固執、不願意去看醫生，而是因為一個很複雜的心理機制：

許多長輩「不敢」看醫生，因為害怕一旦看了醫生，檢查出來有任何毛病，自己會拖垮子女的財務、排擠孫輩的教育資源。如果兒孫都在大城市、甚至國外工作，並不陪伴在他們身邊，就更令人恐慌了。而過去對養老機構的汙名、部分養老機構經營不善的新聞，更讓他們害怕被送到養老院，不敢正視自己身體可能的衰退與疾病。

我從他們的言談當中，發現了這一點。我認為，要解決「老」所帶來的恐懼或是挑戰，必須從這個根本去解決。

最最首要的任務，就是讓長輩感覺到，我們會陪伴在他們的身邊，陪他們一起老去。我們可以一起用健康、正面的心態來面對「老」這件事，「老」並不代表沒有用，也不等同必然的身心衰弱。

實際上，我們的社會，真的也已經投入了相當大的資源，想要好好陪伴每一個人安老。今年，中央政府投入長照的總預算是八百多億，明年還會更多，其他大大小小的公私部門資源，更是充沛。那麼，為什麼長輩們還是感受不到支持，長期處在不安全感當中呢？

原因或許有很多，但站在我的崗位上，我會說，作為基層行政單位的鎮公所，絕對是當中可以發揮關鍵力量的角色，將中央的資源、政策，青年人的溫暖與愛意，傳遞到每一位長者的手上。

讓他們明白，我們真的很感謝他們的付出，即便身心機能隨著時間衰退，他們依然是一個「有用的人」，不是大家的負擔。也讓青年、中壯年在生命年輕的時候，開始接觸「高齡」、「老」這樣的生命狀態。

因為身心機能衰退帶來的不便，我們不會、也不應該讓各家的子女來獨力承擔，而是該由政府、社會的力量一起來努力，做到活躍老化的理想，並讓台灣成為老有所終的樂土。

俗話說，養育一個孩子需要全村的力量。我現在想說，照顧一位長者，同樣也需要全村的力量。

做好這個工作，不只是為了我們的長輩，也是為了我們自己。老化是每一個人人生的必經之路，在當代城市化、少子化的背景下，未來的我們，會比我們的長輩更需要集體的支持，才能尊嚴、體面而舒適地走完生命最後一程。

舉例來說，我們在過往老人文康中心的課程基礎上，增加了「銀髮健身」的課程。這是在我們公所團隊努力下，特別新開的課程，目標就是增加長輩肌耐力，延緩老化的體適能運動。

接下來，如何以個人、家庭作為單位，掌握社區人際網路的力量，整合公私部門資源，支持每一位苑裡的長輩，無論是在健康、亞健康、衰弱、失能的哪一個身心狀態，都可以感受到社會最大的支持。

相信這樣一來，許許多多的「長照悲歌」可以不再發生。我們為人晚輩的，內心也不會再留下這麼多遺憾。

我剛好在這週六參加了一年一度的盛事——「亞太社造論壇暨學術研討會」，今年的主題「社造三十：世代進行式」，多個場次談到「超高齡社會」、「樂齡」、「長照」、「醫療」的議題。

論壇現場，我除了跟日本、韓國、馬來西亞的朋友有機會簡短交流之外，也和我相當尊敬的台灣社造前輩交換意見。在場的衛福部、國發會長官特別談到「超高齡社會」挑戰，醫師前輩也談到現金給付無法解決的真實問題，期待未來台灣社會能有公部門和民間提出創新解方。

在這裡，我想特別摘錄幾位與會者的發言，與大家分享：

呂建德／衛生福利部次長：希望苑裡可以與其他鄉鎮分享經驗，讓更多鄉鎮市公所團隊，都能一起找到讓長輩們在地老化的好方法。

柯雄能／苑裡青年農友：敬老計畫讓長輩的「自主性」與「動力」很好地展現出來，除了自己可以投票選禮品之外，也宣示老人有機會決定、參與老人政策，制定老人社會福利政策方向，而不僅僅是被照顧、被決定的對象。推動老化政策不只是政府的事，還需要年輕人一起參與。

廖怡雅／藺子創辦人：鼓勵阿嬤持續以藺草編織作為自己的收入，這些小小的收入，是她們維持經濟獨立、替自己買喜歡的小東西、給孫子買小禮物的零用錢，也讓她們維持「作品被看見」的自我肯定感。

羅方汝／國立苑裡高中學生：透過陪伴長者，我學到了課本上沒有的知識，讓我立志未來要服務更多需要幫助的人。

謝旻憲／苗栗樂齡學習示範中心執行長：許一個人人老得起的未來。

苑裡鎮公所正與在地醫療團隊、社工師、職能治療師、護理、在地士紳賢達們一起努力思考，明年我們邁入超高齡社會，怎麼樣一起積極面對「老」得健康、「老」得快樂的時代。

「敬老」，不只是重陽節的事，也不只是長輩的事，是整個社會如何看待生命、如何對待老化，這樣一輩子的課題，需要青壯世代、長輩一起來，公、私協力共同來落實，讓每一個人都能幸福的在地安老。

邀請大家，跟我一起來完成這個大願。

2024.12.16

關於長壽斑的思考

大家好，我是苑裡鎮長劉育育。在這禮拜，我想跟大家聊聊「保命防跌包」敬老禮品組合。在贈送這個組合給大家之後，我們並不是送完就算了，我們也關心長者使用它的頻率與方式。因此，我們持續舉辦全鎮巡迴活動，教導、鼓勵長輩們一起來使用它。

組合當中的彈力帶、彈力球，是想增強長者的肌耐力與柔軟度；防滑地墊可以減少居家意外滑倒的機率；乳霜則是因應長者皮膚乾燥而準備的實用小物；警報器是在長者身體不舒服、無力發出聲音時，可以按鈕求助。

這一週，我與鎮上的團隊，持續在各里舉辦敬老禮品使用巡迴說明會，至今已經累計十八場次，並且持續增加中。我希望藉由下鄉巡迴，鼓勵長輩多多使用這些器材，養成運動的好習慣，也理解到公所推動社會福利政策的用心。

跟我一起巡迴行動的夥伴，除了公部門，還有民間的夥伴們——良宜診所、李綜合醫院、國立苑裡高中、苗栗縣樂齡學習示範中心志工。這些志工朋友，從在地的醫療專業者、六十歲的樂齡志工朋友，到我們的青少年高中生，雖然領域、年齡層不同，大家都有關懷長者的心，於是我們組成了一支全鎮的志工關懷隊。

這也符合我們公所敬老計畫，邀請全鎮、全年齡層共同面對超高齡社會，一起參與維持長輩的活力、並帶給長輩笑容的行動方案。

這不但是台灣少見、全鎮公私協力動起來的敬老關懷行動，我覺得最動人的是，每一場的敬老計畫禮品示範的巡迴現場，氣氛都很感人，也留下許多讓我印象深刻的小故事。

例如說，我們在教導大家如何使用警報器時，我也詢問大家「警報器用了嗎？大家都放在哪裡？」有一位九十歲的阿伯直接拉開外套，給大家看他把警報器掛在腰間的鑰匙圈上。他說，自己平常一個人騎代步車出入，萬一有跌倒、不舒服的情況，他已經準備好拉下警報器求助。

一開始使用彈力球時，有些長輩力氣不夠或動作還比較陌生，會讓球掉到地上。我就跟大家開玩笑說，「哇，你們的球有長腳耶！」長輩們也會因此而輕鬆一笑，願意再多試幾次，慢慢就熟練了。

而在教導大家使用乳霜時，我們準備了六罐樣品，我跟國立苑裡高中的志工們，一起幫長輩塗抹手臂、小腿，一邊跟他們說：「即便我們已經老去，身體一定跟年輕時不能相比，但依然要好好對待自己的身體、保持鍛鍊身體，我們才能心情更快樂。」

此外，我也很感動的是有一位樂齡中心的志工朋友，參加完敬老禮品巡迴說明會後，要帶著新學習的知識，回家與九十歲的老母親一起做運動。聽說，後來運動真的改善了老母親吞嚥困難的問題。

在與長者身體互動的過程當中，我浮現一個想法：過往，大家會叫長者身上的斑點「老人斑」。但我覺得，這些身體的衰退與傷痕，其實都是我們年少時辛苦打拚、認真勞動的結果。我們應該改叫它「長壽斑」，用正面的語言來重新定義它，珍惜這些生命的累積，也重新看待自己老後的人生。

在我的經驗裡，這樣的說法效果很好呢！大家也可以回家對自己的長輩試試看。總體來說，我反覆地告訴大家：身體健康是自己的，一定要好好運動，讓老後的生活品質更好。

我也希望藉由讓我們在地高中生參與的過程，在苑裡鎮推動「全年齡層參與老化政策」的風氣。相信大家會慢慢感覺到，對老人家好，不只是在「對別人好」，因為我們每一個人都會老。善待老化的人，建立一個善待長者的社會，總有一天，這些好的文化會回饋到我們自己身上。

寫到這裡，想到長輩的笑容，我內心充滿了溫暖。但是，我仍然很難忘記，這樣有溫度、有專業、有延續性（禮物不是送出去就算）的政策，明年若想要繼續推動，還必須克服一個很大的問題：我們明年度「六十五歲以上長輩敬老計畫」預算，目前遭到鎮代會凍結。

我必須更加努力，才能讓預算解凍，讓這個好的政策能夠持續下去。我會繼續努力，也請大家繼續給我關注與支持。忙碌之餘，也別忘了提醒家中長輩，要多多運動、維護身心靈健康喔！

第四章
韌性防災

氣候變遷，是讓全世界政府都非常頭痛的問題。

相信大家都還記得，二〇二四年，台灣那令人熱到抓狂的夏日高溫、令人感到十分詭異的十月「秋颱」（甚至差點出現「冬颱」現象），又或者是二〇二五年加州大火，燒掉沿海與好萊塢富豪居住區的驚悚畫面，這些都是氣候變遷帶給我們的全新挑戰。

而台灣的鄉鎮市公所，就是面對災害防救工作的第一線。台灣雖然國土面積不大，但各地的地形、水文多變，就像我們苑裡鎮，包含了從沿海、平原到淺山地帶等多種不同地形，鎮內的大大小小河川溝圳，也是交織複雜。

很明顯地，中央政府很難針對各地制定一套完全統一的救災、防災標準，許多工作，一定要由鄉鎮市公所來進行細緻的規劃與執行，才能守衛大家的生命財產安全。

二〇二三年八月的卡努颱風，是我上任後遇到的第一個大型天災挑戰。由於颱風路徑的關係，苑裡鎮在八月五日早上出現了強降雨的現象，也讓鎮內部分地區民眾因淹水而受困。面對這個挑戰時，我與公所同仁按照事前的準備、規劃，隨時緊盯氣象資訊與苑裡各里的回報，一一解決、謹慎面對。經歷過這一役，我有一個深深的感受：鎮公所，正是在極端氣候下，防災工作的「天下第一關」守門人。

為此，我不但與公所同仁回顧每一個防災環節，同時也兼顧我所說的「政治公開透明」精神，將我們為防災工作所做的準備、台灣政府各級機關的防災分工原則，一一向鎮民說明報告。因為，唯有先了解台灣的防災制度，才能讓每一位公民了解自己可以在防災中扮演的角色，進而做到「公私配合」，一起度過各式各樣的災害風險考驗。

而我自己，在經歷小犬颱風與後續其他的風雨考驗後，決定在二〇二四年六月報考「防災士」訓練，讓自己成為一個更專業、更能跟上國際最新防災趨勢的鎮長。這一路點點滴滴的過程，都收錄在這一章中。

希望大家一起來閱讀這一章，不只看到我與團隊一路走來抗災、防災的軌跡，也想鼓勵大家：一起認識你所在區域的地形、地勢，了解地方政府的防災計畫，甚至，可以考慮與我一起報名「防災士」訓練課程，一起守護我們的家園，度過極端氣候與天災的考驗。

2023.8.6

度過強降雨考驗

大家好，我是苑裡鎮長劉育育。從上週六到今日，我最重要的工作，就是與鎮公所團隊全力來處理，應對卡努颱風所帶來的西南氣流，豪大雨所帶來的災情。也因為如此，這一週鎮長周記晚了一天，在八月七日發出。

根據中央氣象局的量測，大約在八月五日上午八點開始，苑裡鎮出現強降雨，上午十點之後雨勢停止。八月五日從凌晨至中午前，累積降雨量達到二百三十四毫米。

在八月五日清晨，我發現雨勢逐漸增大，與此同時，鎮公所團隊就馬不停蹄地動了起來。除了鎮公所內部的各單位之外，我們也必須在第一時間與苗栗縣消防局、苗栗縣警察局和民間救災單位、台電等單位相互聯絡，與大家一起協同配合救災。

為了避免災情擴大，需要撤離危險區域民眾，我們開啟了內區里的里辦公室

（舊社活動中心）、上館災民收容所（里活動中心）等疏散避難場所，完成整備工作，放置了睡袋、糧食與飲用水等物資，預備收容受災鎮民。並且在召回主管進駐公所前，以電話聯繫建設課、農業課的同仁，請他們立即同步聯繫災害開口合約廠商。

我在確認團隊都就定位、救災隊伍開始工作之後，開始前往各個災區現勘，了解狀況，即時回報給所內待命的同仁。

當天早上到各地勘災的結果，我們掌握了苗四十三線的土石流災情，也前往泰田里藍田寺後方道路，查看淹水災情。由於短時間內雨量過大，縣管河川房裡溪發生溪水暴漲情形。

以上狀況，我們都一一前往了解、盡力搶修。而鎮民家中出現的淹水、家屋財產損壞等情形，只要有危及人身安全的可能性，我們都密切關注，也感謝消防局出動汽艇協助搶救受困民眾。

幸好，到上午十點過後，雨勢就逐漸停止。許多盡責的里長、熱心的里民，就與鎮公所同仁、廠商聯手，開始排除交通障礙。很快地，許多搶修搶險、清除淤泥與障礙物的工作，就在大家的同心協力下完成了。我也要求所有同仁與民間協力團隊，必須在四點半之前儘量清理路面，確保大家下班、下課的路途平安。

這是我上任之後，遇到過最大的天災事件。在雨勢轉大的那一刻，我深深感受到肩上的責任重大，我告訴自己，不管接下來老天爺會給我們怎樣的考驗，我必須與團隊一起，讓苑裡的損失減到最低。

幸而天佑苑裡，雨勢很快轉小，我們度過了這次考驗。我衷心感謝投入救災每一個人，後續仍有許多工作：

1.災後重建工作不停歇

雖然颱風帶來的大雨已經過去，不過，我和團隊至今仍然持續工作。鎮公所兵分多路，前往鎮上各處勘查，但凡還有任何尚未恢復原狀的現場，我們都立刻回報，著手處理。里鄰長也都陸續動員社區進行災後復原工作。

受災嚴重的苗四十三線路段，我們與廠商持續清除路上大石，目前清淤量已達一千兩百立方公尺，大坑口河道土石量大，預計需八月九日完成全線疏通，以及藍田寺旁的泰田八路，有一處路面掏空，但已經做好臨時處置。

泰田八路旁的房裡溪，屬於縣管河川。鎮公所在去年十一月和今年七月分別通報苗栗縣府進行疏濬清淤，但因為清淤工程採鄉鎮區域進行，縣府水利處契約廠商從下游開始清，還來不及清到上游，就發生強降雨，排水不及，導致藍田寺旁淹水。

感謝今天苗栗縣政府水利處已派工，進行泰田八路旁疏濬清淤，並將土方外移，也暫時填補掏空路面。

本次水災農損情形，我也會特別在明天的縣務會議中，向縣府爭取放寬認定、補償農民損失，並且加速苑裡地區疏濬清淤工程。今日水稻農損公所已受理登記約十五公頃，農業課已經與縣府約好本週排定會勘。

2. 分工合作齊心協力救災

經過這一次的颱風，我想特別感謝參與救災的每一位課室同仁。建設課、農業課、民政課、社會課、清潔隊、行政室、公共設施管理所，全部動員起來救災。

在豪大雨的事發當時、事後發布的這些公告中，大家又可以進一步認識到，我們的建設課與農業課必須聯繫災害緊急搶修的廠商，清潔隊非常辛苦地四處清理路面，社會課、農業課要處理大家淹水救助與農業損失的繁雜作業，民政課是災防單位、要處理資訊通報和聯繫，鄰里長溝通協調，公共設施管理所處理電線桿倒塌移除。

這些大家平日未必熟悉的公所課室，其中有一個重要的職責，就是在災害發生時，各自站到崗位上，守護鎮民的生命財產安全。

我也想請大家給予清潔隊同仁一點鼓勵。豪雨過後，大家家中都有很多大型垃圾、泡水家具要清運，以及淹水公共區域消毒處理，清潔隊同仁會用最快速度盡全力來處理，請大家耐心等待，並向他們說聲辛苦了、謝謝。

我也會利用週記的機會，再度宣傳社會課、農業課、財政課所公布的災後救助等相關規定。

尤其是農友損失的部分，我們會儘速完成相關程序，報給縣政府核定，希望縣政府針對我們的農作物損失，在合理的範圍內，都給予協助。鎮公所也會盡全力向縣政府爭取，讓縣政府理解苑裡農民的困難，盡早讓農業生產恢復原狀。

若住屋淹水，請民眾也記得拍照記錄，通報請里幹事協助初勘，轉予縣府申報救助金。此外，鎮公所也提供免費沙袋領取，讓淹水受災戶可以將家中淤泥放置沙袋存放使用。此外，提醒民眾把握時限申請稅捐減免。

颱風過後的事務眾多，我週記就先寫到這邊。謝謝每一位鎮民的齊心協力，也謝謝全台各地朋友對苑裡的關心與關注。

2023．10．7

防災的重要決策時刻

大家好，我是苑裡鎮長劉育育。在這一週，我與鎮公所同仁最主要的工作重點，當然是剛剛過境的「小犬」颱風整備和應變工作了。

這禮拜的週記有點長，但因為是第一次完整地撰寫颱風防災工作的整理歸納，攸關我們的人身與家園安全，還是想邀請大家一起看完，給我們回饋與建議。我也想藉這個機會跟大家談談，當天災來襲，鎮公所會如何應變？在我上任之後，對鎮公所的防災資訊傳遞系統，做了哪些調整與改變？

我上任以來，已經與團隊共同度過了杜蘇芮、卡努、海葵與小犬四次颱風，及數次豪大雨災情。作為地方首長和指揮官，我也完整經歷了苗栗縣苑裡鎮公所災害緊急應變中心的一級、二級與三級開設的情形。我有一些歸納與心得，想跟大家分享，我們該如何面對這些自然災害，將損失減到最低。

首先，當一個颱風成形，我與鎮公所同仁們，一定會密切注意颱風的訊息。聽到中央氣象署發布颱風可能影響台灣的消息後，我會與鎮公所的主任祕書、民政課長保持密切討論，時刻掌握颱風動向，民政課也會與縣府保持密切聯繫。

等到中央氣象局發布海上、陸上颱風警報之後，我們苗栗縣政府會視情形公布是否要停班停課，讓我們有所依歸。

在這個時候，我也必須要下一個決定：鎮公所到底什麼時候要開設災害緊急應變中心？要以幾級開設？

在此跟大家說明：災害緊急應變中心的成立，是為了加強相關機關和單位在災害期間的縱向指揮、督導及橫向協調、聯繫事宜，即時處理各項災害應變措施。按照現行規定，災害緊急應變中心依據災害的規模、性質、災情、影響層面，分成三個等級開設。

一級的災情最嚴重，二級次之，三級是在災害相對比較不嚴重時的應變措施。分級制度不只是在颱風來襲時適用，在地震、重大公安事件時，同樣也適用。在三級開設時，相關的災情訊息，我們只需要向縣政府回報一次即可，工作團隊也多由鎮公所同仁所組成。

但只要宣布一級開設，不但必須三小時就回報一次，還會有國軍、警察、消防、相關維生管線負責機構（例如台電、中華電信）等其他協同單位，就會進駐鎮公所。中心也會開始值夜班，確保二十四小時都有人能應對災情，上緊發條，應對挑戰。

按照規定，苑裡鎮災害緊急應變中心的指揮官，便是由鎮長來擔任，主任祕書則是副指揮官。在中心開設之後，鎮公所原有的課室，便會進入災害任務編組狀態，例如：

民政課要負責做好「通報聯繫」的工作，社會課同仁負責「疏散避難與救援」，行政室則要負責處理進駐單位的「伙食民生與行政協助」等工作。

此外，苑裡鎮清潔隊也會立即上緊發條，遇到緊急狀況時，必須先行排除倒塌的路樹、垃圾，清除水溝的淤積。每次颱風時，清潔隊都會安排一組「機動組」來留守，隨時注意災害情形。公共設施管理所的同仁，也會發揮專長，修理被風吹倒、吹壞的路燈，確保大家回家的路有基本照明。

而為了因應每一年的颱風季節，各鄉鎮公所的建設課、農業課，都與民間廠商訂有災害搶修的開口合約。

「災害搶修開口合約」是什麼意思呢？就是當各地發生災情時，我們會看到有怪手、小山貓或相關機具來替大家開挖、搶通道路，這些大型機具和人員並不是常設在公部門裡，而是每年撥有預算，由鎮公所派工，進行災害狀況排除。每逢颱風來襲，鎮公所一定會要求災害搶修廠商開始待命、跟我們保持電話暢通。

還有，颱風天大家最害怕維生管線（水、電、網路）故障，民政課也會負責來跟其他橫向單位通報災情、保持聯繫。因為鎮公所本身不具備修理水電、網路的能力，需要請台電、自來水公司與中華電信來搶修，因此民政課的即時通報非常重要。

而在開設緊急應變中心的過程中，我會在同仁的協助下，經歷這幾個重要的決策時刻：

1. 根據災情預警和分析，決定究竟要不要開設災害緊急應變中心？

2. 決定開設了之後，要開幾級？何時會需要調整？

我們必須根據氣象局的雨量、風勢和災情來做決策，只要改變開設的級別，相關進駐單位與動員規模就會不一樣。萬一開設的層級太低，造成防災應變不及，後果不堪設想；但若太過緊張，只有輕微災情，卻開設了一級／二級的中心，勞師動眾，平添大家的負擔，也是我所不樂見。

3.在正式召開會議後，我要讓大家進場、進入災害應變狀態、團隊待命、匯報災情、一一確認接下來的任務，又是許許多多需要決策的關卡。

在颱風過境後，災害應變中心要慢慢降級開設，應該在何時降到哪一級？也是需要慎重做出決定。

而經過幾次風災，我發現，一些常見的災害類型，公所團隊與其他協力機關，早已有豐富的經驗。即便是牽涉到不同單位、複合型的災難，大家也都已經有相當默契。

舉例來說：路樹被風吹倒、壓到電線後，拉動電線桿，導致電線桿倒塌，這就牽涉到幾個不同單位，要來去做分工。

由於台電無法清除倒塌的路樹，鎮公所依緊急狀況和規模大小判斷，請清潔隊進場排除樹幹樹枝，台電再進場拉電線。在這些狀況解決、排除之前，苑裡分駐所警察同仁就會先趕到現場，去放置三角錐與閃光標示，並頻繁地到現場巡邏、勸導，讓用路人知道這邊的道路有狀況，必須繞道而行。

而在卡努颱風外圍環流影響下，發生過鎮民在淹水地區，受困房屋中，等待救援。也是經過通報之後，請苗栗縣政府消防局第四大隊苑裡分隊消防隊員開出汽艇，進入淹水地區，把人救出來。我在後來海葵颱風的緊急應變中心會議中，也特別謝謝消防隊上一次的辛勞。

歷經了多次颱風洗禮，我已經比之前更加了解，作為指揮官，我要在這樣的系統中扮演什麼角色。其實，大家經驗都非常豐富、也很有默契，看到災害情形後，會主動認領工作，相互補位，做好防災工作。

而我的任務，除了確保大家都有在各自崗位上就位，最重要的是要決斷、做出正確的決定，讓大家有所依歸。我也要站在綜觀全局的角色，提醒團隊特別注意鎮上容易致災的角落，預先做好準備。

在前幾次颱風來襲時的現勘中，我已經大致知道，鎮上哪些地方容易淹水、致災。除了提醒團隊要特別小心面對、必要時預先疏散民眾之外，我也在思考：究竟是什麼因素造成這些地區容易受災？有沒有從根本解決的方法？

仔細盤點了一次鎮上容易致災的區域之後，我必須很誠實地說，想要從根本上解決這些問題，不是靠一朝一夕或單一部門的努力，而是需要跨部門和長時間的投入減災、防災工作，才會逐步見效。

舉例來說，有些地區是早年農地重劃留下來的低窪地、有些是河川與農業灌溉溝渠的交錯區域、有些是近年來河道自然改變的結果，地勢和環境的影響，讓改善規劃要達到成效，必須由不同單位的跨單位溝通，才不會落入東做一點、西補一點，卻缺乏整體考量的困境。

此外，近年來極端氣候變遷的影響下，強降雨量超過既有設施的防洪設計，或是過去土地開發時未能考量到逕流分擔，這也許也是未來工程相關規劃必須考量的重點。

在根本性地解決這些問題之前，颱風每一年都會來，我們必須先做好日常的減災、備災，提升防災意識，才能確保身家平安，將損失減到最低。

而鎮公所這邊，也很快地綜合了八月到現在幾次颱風的經驗，做了「風災、雨災訊息發布」程序的改良，在此與大家說明、分享。希望下一次風災來臨時，大家可以更信賴鎮公所發布的訊息，增加我們的防災效率與安全性。

在過往，鎮公所都是用「發布單篇文章」後，以「留言」的方式，來更新最新情形，後來發現，這樣的效果並不好。

在這次小犬颱風中，我們改用「發布單篇文章」後，以「編輯文字並加上編輯時間」、「製作字卡並壓上災害時間、地點與處理進度」的方式，確保大家轉貼文章時，一定可以轉發到最新的情形。

所以，從災害緊急應變中心開設的那一刻起，我們的鎮公所同仁，也會同時開始不間斷處理訊息蒐集、查證、彙整和發布工作，確保災害訊息都是正確、快速地發布，並與災害緊急應變中心的指揮調度、外勤人員都保持一致，避免假訊息造成鎮民人心惶惶，或讓接取通報的人員疲於奔命。

所以，我也要在慎重此呼籲大家：下一次災害來臨時，請大家務必直接跟官方通報，可以透過里鄰長、鎮公所緊急專線或是1999，而不要選擇發布在其他民間網路社團。

災害訊息不同於其他訊息，是人命關天的事。在救災工作最緊急、最緊張的時候，網路上常常出現時序錯誤、甚至不在苑裡境內的受災照片，造成救災團隊疲於奔命，是很消耗，甚至很危險的事情。

在每一次的天災來臨時，鎮公所與其他公部門，都會以嚴謹、專業且熟練的方式在守護大家安全，我們也需要大家的支持與協力。

在日常生活中，我們也可以做好住家附近的水溝清淤、注意防災設施是否故障，每一個人都提高自己對周遭環境的敏感度，一起守護家園。像這幾次的風災中，我有看到許多鄰里長都自動自發地開出家中機具，替社區清理環境、與公所一起排除障礙，讓我非常感動。

我也感覺到，這些民間自發的熱情，與官方的災防系統密切配合，真正落實「民防、韌性、永續」的精神，才能平安度過每一次災害。

2024.6.1

防範極端氣候，不分你我

大家好，我是苑裡鎮長劉育育。經歷了本週二的大雨，大家應該已經可以感受到，我們台灣的汛期即將來臨。在本週的週記，我想跟大家報告一下我與公所同仁的準備情況，也想對大家提出兩個呼籲。邀請大家，為了我們的家園防災，一定要耐心看完喔！

首先，我想簡單回顧一下本週二（五月二十八日）苑裡強降雨的情形。大約在當天早上六點半，我就聽到外面的雨聲越來越大，打在我們家建築物屋頂上，那聲音喚醒我去年颱風季苑裡淹水的記憶，因此我馬上驚醒、再也無法入睡。

我初步看了交通部氣象署、經濟部水利署等中央部會的數據之後，即刻決定，馬上出門，到苑裡幾個容易致災的地點了解情況。同時，也聯絡主祕等公所同仁，告知這個狀況，請大家要有心理準備，一起來應對可能的災情。

在擔任鎮長之前，我雖然算不上是非常容易入睡的體質，但也很少有被雨聲吵醒的經驗。現在卻只要稍稍有雷聲、雨聲，就會警戒地跳起來，完全不需要鬧鐘。我想，這個身體經驗的改變，就是因為我身為地方官，與苑裡成為生命共同體、也肩負第一線防災責任的緣故吧。

在當天上午七點左右，公所團隊便開設了苑裡鎮災害應變中心，同時民政系統、里鄰長也開始保持警戒，協助進行災情查報、通報，各課室也都已經待命，做好應變準備。

而在去年小犬颱風時，我們發展出的災害資訊圖卡通報系統，在這次的大雨中，也依然有效運作，且運作得比去年更成熟、更有效。

我在去年小犬颱風過後的鎮長週記說過，為了避免臉書社團或Line群組常常出現「時序錯誤」、甚至「根本不在苑裡境內」的受災照片，明明已經解決了淹水問題的地點，卻因為過時、錯誤的資訊通報，造成救災團隊疲於奔命，也造成鎮民的恐慌，這是很消耗、甚至很危險的事情。

所以，在小犬颱風後，苑裡鎮公所改用「發布單篇文章」後，以「編輯文字並加上編輯時間」、「製作字卡並壓上災害時間、地點與處理進度」的方式，確保大家轉貼文章時，一定可以轉發到最新、最正確的情形。

講上面這個故事，並不只是要告訴大家，公所同仁有多努力（這當然也是非常重要的事情），而是想呼籲鎮民朋友：

看見地方災情，最好的方式是直接向鎮公所與警消系統通報，確保我們資訊傳遞的正確與效率。

而接下來一週，我看氣象預報，因為颱風外圍環流與鋒面的影響，有可能會出現豪大雨。除了邀請大家，一起向鎮公所與警消部門通報災情，也想告訴大家：

我們苑裡鎮境內的河川，其實就跟台灣其他地區一樣，管理權責單位十分複雜。有中央管河川、縣府管河川，有鎮公所守備範圍的，也有屬於農業部管理的野溪。不管是哪個單位管理的河川，我們都有按照相關規定來做好防災疏濬工作，如果不是公所的管理範圍，我們也有盡責通報，並注意相關防災工作進度。

但是，由於近年極端氣候影響，許多時候，會發生短時間、高強度的降雨，將降下遠遠超過現有公共設施所能負荷的雨量，造成淹水。極端氣候是人類共同面對的命運，也是未來重要的全球課題，我們從官方到民間、地方到中央都必須動起來，一起面對這全新的局面，盡量減少災害損失。

我會戰戰兢兢，與公所同仁一起盡全力防災，也邀請大家一起努力，定期收看氣象預報，做好防災準備。萬一看見淹水或其他災害，請立即向鎮公所或警消系統通報，不建議發到個人臉書或其他非正式民間社團。

同時，為了更積極面對極端氣候所帶來的風險，我也想邀請鎮民朋友：一起來當我的同學，六月報名參加「苗栗縣一一三年第二梯次防災士培訓」，向防災專家學習，成為地方防災士，打造更強韌的基層系統，守護我們的家鄉苑裡。

現在的我，聽說明天開始就會有可能有降雨，每隔幾分鐘就不斷打開氣象預報App監控最新的天氣情形，保持警戒。也請大家多看看天氣預報，一起做好防災準備。但願今年的汛期，最終能風調雨順，讓我們的家鄉苑裡與全台灣都平安無事！

2024·6·23

守好防災的天下第一關

大家好，我是苑裡鎮長劉育育。這禮拜，我想跟大家分享一個好消息：我參加了內政部消防署舉辦的防災士培訓課程，並且順利通過考試，成為一名合格的防災士了！

當然，就像所有相關證照一樣，防災的知識複雜專業、防災現場的實務變化多端。拿到防災士證照，只是一個開始，接下來還有非常漫長的學習之路，但仍然十分重要，也讓我想利用本週週記的時間，來跟大家分享我上課的心得。

防災士培訓課程，全名是「苗栗縣一一三年第二梯次防災士培訓」，是由苗栗縣政府主辦，苗栗在地的聯合大學承辦，為期兩天、早上九點到下午五點，扎扎實實的課程，最後還要通過考試及格，才算完成培訓。

其實早在上任之初，我就已經有意參與防災士課程。再加上去年八月五日的強降雨，對苑裡各區造成程度不一的災害，更堅定了我的想法：

我必須讓自己與鎮公所同仁都參與這個課程，增加我們的基層防災應變能力。因此，我今年主動向苗栗縣政府來爭取，在我們苑裡開辦培訓，讓大家一同來參與。

很高興的是，這次的課程，全程參與的不只有我，還有我們公所防災相關的民政課、建設課、行政室、殯葬所、財政課與其他各課室同仁，以及許多里幹事、里長、里長的牽手、社區發展協會的理事長與幹部、鄰長，與我們的許多鎮民們。

兩天的課程下來，大家都收穫滿滿。課程兼顧理論與實務，分析了「我國近年災害經驗及災害特性」，解說「防災士職責與任務、我國災防體系與運作」、教導我們「社區避難收容場所開設與運作」，最後還有我非常喜歡的環節「防災計畫實作與驗證」，相當於防災計畫的兵推，給我很多的學習與啟發。

總體而言，兩天的課程下來，讓我更理解了鎮公所在基層防災工作上的角色與重要性，可以說是台灣防災工作的「天下第一關」。

畢竟，台灣中央政府管轄的範圍太大，必須扮演掌舵大方向與資源挹注的角色；而台灣的防災動員工作，又還不像日本那麼先進，可以做到以「家庭」為單位來運作。以現狀而言，介於中央政府與家庭之間的鎮公所，正是最好的細胞單位，也可說是任重道遠。

在最後兩節課，從「社區避難收容場所開設與運作」到「防災計畫實作與驗證」，相信不只是我，一起參與的公所同仁、里鄰長、社區發展協會幹部與鎮民們，也都相當有感。

授課的單信瑜老師反覆告訴我們，災難的發生，都是在考驗我們平常的準備。大家要隨時盤點社區當中有哪些空間，可以用來開設社區避難收容場所；也要了解社區各處民生與醫療資源的分布情況；了解每個社區的優勢與弱勢，盡量地去發揮長處、補強短處。

單老師以近期發生的四月三日花蓮大地震為例，他說，跟二〇一八年的二月六日花蓮地震比起來，花蓮縣政府與民間單位對於避難收容場所的開設與管理，就有了長足的進步。尤其是慈濟所提供的避難帳棚，兼顧受災戶的隱私與現場空間管理的需求，連日本媒體都注意到並給予好評，就是非常經典的一個正面教材。

雖然過去，我對於開設社區避難收容場所，也有一定的認識與經驗，但經過老師的說明，更能夠有系統、更有總體戰略觀地去思考：

社區避難收容場所應該開設在哪裡？

選址的安全性、可近性，以及社區對它的熟悉程度非常重要。如果事先決定開設在社區中心或學校禮堂，掌握鑰匙的人是否可以跟基層災防系統保持熟悉與聯繫、事先有共識與默契，會影響防災應變系統瞬間的品質。

而在收容場所開設之後，該如何良好地管理它？

每次災害發生後，台灣人的愛心與熱情總是不落人後，我們的物資與志工人力通常是不虞匱乏。但物資與人力送到現場之後，如何進行有效率的管理與指揮，也相當考驗地方政府的管理能力。

在收容場所內，如何兼顧空間使用效率、行政管理需求與受災民眾的隱私舒適，盡可能地讓受災民眾的身心得到良好休息、情緒穩定。弱勢群體如單身女性、老人、嬰幼兒、身心障礙者，也都能夠感覺安全，也是非常非常重要的事。

課後我自己歸納總結，感覺到老師想要告訴我們的，其實跟「韌性社區」的概念不謀而合。

防災計畫，考驗的是我們對自己社區的理解與熟悉程度。只要社區網絡夠緊密、大家平常了解自己的社區、關懷自己的鄰居，就越可能在災害發生時，知道該如何團結而有效率地動起來，協助彼此一起度過難關。

而一個社區的巡守隊、社區關懷據點、志工隊等基層組織越活躍，對防災也越有幫助。鎮公所與社區對於周邊的防災資源，舉凡雜貨店、寢具睡袋、糧食飲水、發電機等物資，掌握得越徹底，也越能夠確保災後的物資供應不中斷。

大家對社區內的老人家、身心不方便的朋友們，如果有足夠的了解與關懷，也更能夠在災後快速地照顧、救援他們。畢竟，在災害發生的時候，相對弱勢的群體，也會是最容易受到傷害的群體。減少憾事發生，有賴於大家的守望相助。

在最後一堂，很像是防災兵推的課程中，單信瑜老師拿出大海報，給我們出了許多題目：

假設九二一大地震發生在苑裡，此刻是凌晨一點四十七分，我們會怎麼做？

假設花蓮大地震發生在苑裡，此刻是早上七點五十八分，我們會怎麼做？

這些時刻，都是公務機關的下班時間。社區的關鍵資源分布在哪裡？避難的集合地點在哪裡？如果決定到學校緊急避難，有學校或者活動中心的鑰匙嗎？有大量傷患怎麼辦？

各式各樣的問題，陸續丟到現場的任務小組中，考驗我們的反應，並寫在大海報紙上，讓老師做出細膩又嚴肅的點評與回應。

在這個環節，我被分配到跟社苓社區發展協會一組。我跟協會都很熟悉，社區內有巡守隊，社區發展協會的志工系統也很活躍，鄰近還有雜貨店、取水點可以獲得防災所需的民生物資。我們對於社區的防災計畫，也在老師的陪伴之下，做出了很好的演練與修正。

最後，大家多半都順利通過考試。我自己特別驕傲的是，我在筆試環節拿了九十二點七分，急救（CPR心肺復甦術等）環節拿了滿分一百分，順利取得了防災士認證。也恭喜所有一起通過考試的同學們！

兩天下來，防災課程十分繁重、扎實，要認真上完，其實對體力也是很大的負荷與考驗。所以，我在同學們的眼中與上課參與的氣氛裡，都感覺得到大家對防災與公共事務的熱情。對此，我也想特別謝謝來為我們做防災士課程的每一位老師們。老師們的熱情、專業，援引國際最新潮流與案例，讓我們對防災工作有了更深刻的理解與認識。

接下來，鎮公所作為面對災害第一線的單位，如何做好平日減災工作，與加強災害應變管理能力，鎮公所還有很多地方可以努力。除此之外，民間如何更了解自己的社區、關懷自己的鄰居，培養社區的動員與組織量能，與鎮公所做好公私協力，相信會是我們平安度過極端氣候考驗的不二法門。

在此，我想特別邀請大家：如果下次還有開設防災士課程，請一起來參與培訓，做我的學弟妹吧！

2024.9.22

打造韌性，遠離災害

大家好，我是苑裡鎮長劉育育。這一週，是九二一大地震二十五週年。就在這一週，許多紀念、回顧九二一災情的活動陸續舉辦，給我許許多多的學習與反思。與此同時，就在九月二十日九點二十一分，我的手機響起國家防災日警報測試時，苑裡當晚至隔天九月二十一日凌晨，也正因為強降雨而受災，發生了淹水與泥石流的災害。

這樣的「巧合」，雖然是我們所不願意見到的，但也再次提醒我們：救災、防災、離災，是我們永遠的功課，也是我作為鎮長，每日每夜不能懈怠的任務。

從九月二十晚上開始，一直到二十一日，因為徹夜的大雨，我們苑裡靠近火炎山的南勢、上館、蕉埔等里，出現土石流和路樹崩塌的情況，導致苗一三〇線道路部分中斷，以及水門聚落十幾戶淹水。

這兩處災情，鎮公所團隊除了即時掌握災情，第一時間請開口契約廠商調動機具進行緊急處理與排除，並依規定通報給縣政府和相關單位。

很快地，水利處處長在九月二十一日下午來到現場勘查，針對致災的原因進行了解與討論。除了研討如何進行邊坡加固、確保滯洪池開挖合法標售之外，也在縣府指示下，將由鎮公所發文給縣府水利處，由水利處跟農業部農水署召開現勘，進行房裡溪清淤工作，以及在倒灌處增設閘門等措施。

看到這麼多的部會名稱、公文程序，大家是不是看得有一點點暈呢?其實，我在民間的時候，也是如此。但我在上任一年多後，看到這些程序，別有一番體會。

就如我常常跟大家分享的：每一個在我們生活中出現的公共議題，都牽涉到許多不同部會，從中央到地方，必須齊心協力，才能解決問題。而防災相關措施，更是如此。除了牽涉到不同部分，更牽涉到一個地方的地形地勢、地質、水文、降雨量、聚落位置等要素。

全數用硬體工程防堵，不但需要龐大經費，也無法徹底解決問題。而且，在極端氣候下，時常出現許多我們無法掌控的新挑戰，需要隨時更新我們的防災思維與策略。

我今年六月時，參加了內政部消防署舉辦的防災士課程訓練，且通過了考試，成為合格的防災士，就是希望能做好準備，在鎮長的位置上，因應颱風、地震等等天災。在當時，我曾經在週記中提到，我正在思考如何以韌性社區的概念，於鎮公所的權責範圍內，盡力做好防災工作。

九月二十一日這一天，由台灣重要的社區營造前輩新故鄉文教基金會，在當年的震央南投，所舉辦的「韌性創生——台、日震災社區重建論壇」，國際上最新的趨勢，也是以「韌性防災」、「韌性重建」、「韌性創生」等主題，開展大家的交流與討論。

雖然因為守在防災崗位上，不能直接到現場學習，但我會找出時間看現場重播，汲取最新的國際防災趨勢。

與此同時，我也邀請大家跟我一起，不斷學習防災新知、更新家中的防災措施。並且，對於當前的極端氣候保持警惕與重視，將中央氣象局的網站設為常用捷徑，每次收到豪大雨特報與其他的通知時，對相關資訊保持關注，千萬不要掉以輕心。

今天我也特別再次前往各易致災點巡視，並感謝有善心人士贊助，讓我們週日也有水車進行水門聚落道路、苗四十三線部分路面的清洗，明天清潔隊也將再做一次巡檢和處理災後整理作業。

感謝警義消、里鄰長和公所主管和清潔隊同仁的付出，週末連日加班處理強降雨災情影響。連續兩日我下鄉視察和確認災後復原工作，也看到許多鎮民朋友持續在整理家園。後續，鎮公所也會努力邀集上級相關單位一起來協助大家建立韌性社區，落實「離災優於防災，防災重於救災」。

希望在接下來的日子裡，可以跟大家一起努力，打造苑裡成為具有韌性的小鎮，在充滿未知、極端氣候的世界裡，守護自己、家人與社區的安全。

2024．10．6

互相信任的地方政治

大家好，我是苑裡鎮長劉育育。這一週，全台灣都在山陀兒帶來的狂風暴雨和緊張中度過。山陀兒路線難以預測，原先有機會在中部地區造成嚴重災情，我看了相關的預測以後，真的非常擔心，也提醒公所同仁，一定要拿出十二萬分的警戒，戰戰兢兢地應對颱風。

十月二日上午，苑裡鎮公所宣布災害應變中心一級開設，各課室都派員進駐公所，與警消、台電、戶政、國軍等單位一起進行防災準備。

在此前，豪大雨造成苑裡部分土石流潛勢區域災情，已經讓我們有所警惕。因此，我們農業課、建設課，跟縣政府一起合作，在這些可能致災的地點，做到減災與清淤工作，務必讓颱風帶來的災情減到最少、損害降到最低。

災害應變中心一級開設之後，除了公所全員待命，跟我們簽署開口契約的廠商，也都到鎮公所待命。跟著一起待命的，還有三到四架的怪手、小山貓，以及懂得專業操作的四、五位司機師傅在現場待命。萬一有災情發生，他們就會立即出動，前往排除倒伏的路樹與障礙物、協助救災。

開口合約，就像我們之前週記提過的，是跟廠商約定，在一定期間、一定金額內，我們不知道什麼時候會需要他們出動，但只要接到通知，他們就必須馬上來履約。在台灣的各地政府，從縣市政府到鄉鎮公所，為了救災、防災所需，都會簽署這樣的契約，來面對不知道何時會來、會多嚴重的災情。

這次的颱風，最後對苑裡的影響沒有想像中的大，也讓我鬆了一口氣。但看到南部和北海岸嚴重淹水、損失與傷亡的新聞，心裡還是非常難過。希望災後重建工作一切順利，傷者早日康復，逝者可以安息。

在風雨中，我們也按照慣例，如期完成了鎮代會的臨時會。在會議中，關於追加減預算的部分，我有許多話想跟鎮民朋友來分享、討論。

然而，本週的工作重點，仍是以防災、重建為先，也許到下一週，從颱風後緊張中調整為日常鎮務穩定節奏，好好整理思緒，再來向鎮民朋友們細細報告。

而在這一次風災當中，大家可以發現，這些大大小小的防災工作，其實不是公所可以獨力完成。我們必須與其他單位共同合作，也必須與縣府、中央以及基層保持密切而暢通的聯繫。

我就任即將滿兩年了，不管與警消、戶政、台電、國軍等單位，或者跟苗栗縣政府的互動，我相信都非常良性而愉快，就如同我跟決定預算分配的中央政府機關一樣。

我想再次跟大家分享：

我認為台灣是一個講求法治的國家，也是一個民主大致成熟的國家。雖然還有很多地方可以改善、進步，但基本的公開、透明、守法、公平觀念，還是運作得很不錯。

縣府不會因為我是一個年輕的政治人物、新上任的鎮長，就不跟我們合作防災救災的相關工作；同樣的道理，中央也不會因為這樣，就不發給苑裡預算、不支持苑裡的建設。是否能夠爭取到預算，靠的是治理地方專業，而不是誰與誰關係好、誰又比誰會「喬」。

如果到了二〇二四年，台灣的地方政治，還是一個一定需要靠關係才能獲得中央預算的地方，那我會覺得非常悲哀。

但令人高興的是，這兩年來的經驗告訴我：不是如此。我們的中央政府，是由一批會做事、想建設、愛護鄉村地區的公務員所組成。我跟他們的溝通、報告，一直都非常順利。就算偶爾有不了解彼此意思的地方，也都可以就事論事，馬上取得共識。

簡單列舉一下，在過去短短幾個月，我共計爭取了：

◉「苑裡鎮苑坑里周邊既有道路養護整建工程」，中央補助八百八十萬（鎮庫自籌一百二十萬）

◉「苑裡鎮市區道路養護整建工程」，同樣是中央補助八百八十萬（鎮庫自籌一百二十萬）

◉「苑裡鎮立體育場籃球場與直排輪場地坪及東側擋土牆改善工程」，台電公司補助五百萬（鎮庫自籌八十五萬）

◉「一一三年度苑裡鎮路燈照明設施工程」，苗栗縣政府補助三十八點零四萬（鎮庫自籌九點六萬）

而這僅僅是其中一小部分，還有許多尚未一一列出來的，都是我們跟中央合力做好苑裡建設的成果。

理想的公共政治生活，包含了很多元素。路平、燈亮、水溝通，是大家最有感的三項。近兩年來，鎮公所團隊做的不只是創新施政，同時也能順利推動各項基礎建設。

這，就是台灣民主值得信任、值得自豪的最好證明。看著週記的每一位朋友，就算你只是跟我一樣的普通人，只要經過了民主程序當上鎮長，都可以依法順利執政。只要你了解台灣的法治與行政程序，照著相關規定、本於專業提出意見，不會因為大家過去沒見過你、不認識你，就刁難你、不給你經費。

大家對我們的體制，應該要有這最起碼的信心。對於我們的鎮公所、我們苑裡未來的發展，也是如此。

第五章 公共工程

在討論台灣的地方政治時，「建設」與「工程」一向是非常熱門的關鍵字。在競選時，「大建設」、「要建設」、「會建設」是常常出現的標語，也能得到一定的效果。對於很多鄉親來說，有沒有能力「做工程」，更是政治人物表現的指標。

在我的從政過程中，我沒有完全否定「建設」與「工程」的重要性。硬體設施的打造，本來就是政治人物的職責之一。然而，這些「建設」、「工程」的經費，其實也來自每一位公民辛苦繳納的稅金，要怎樣進行建設、工程，才能給地方帶來真正的「發展」與「進步」？

我想對這些我們在政治上習以為常的語言，進行深刻而不放鬆的思考。

首先，針對這些公共工程的施作與驗收，我們嚴格遵守法治精神，絕對不能有收受賄賂、內定，甚至更糟糕的違法行為，這是基本的底線。我從上任第一天開始，就公開告訴所有公所同仁與有意投標公所工程的廠商，我不接受任何非法的關說與私下交易，請心中存有不好念頭的人，不要來我們苑裡鎮公所投標。

再者，我希望我們苑裡的公共工程「好看又好用」，而不只是看上去光鮮體面，滿足了大家對於「地方建設」的想像，但實際上成為被人詬病的蚊子館。

我希望苑裡的「建設」，是真正本於民眾的需求出發，施作過程也必須符合科學原則，且落實「以人為本」精神。

從身在民間到進入公所，我也一向認為，好的硬體設施，必須有好的「軟體」來搭配。如果不能讓民眾親近這些設施，建立起好好使用這些設施的文化、習慣，那麼有再好的硬體設計也是枉然。

最後，近年來由於各種國內外因素，雇工購料成本大幅上漲，要如何兼顧「時程、預算、品質」三要素，在有限的經費與時間之內，做好一個令各方都滿意的案子，說實在，真的是非常不容易。

僅將我兩年的記錄、經驗與心得，在此與大家分享。我想，無論是關心家鄉的公民，或者是未來有意投身公共事務的人，都應該對這些「建設」、「工程」有超越選舉語言的認識與思考，台灣的總體環境，才會越來越好。

2024．4．7

好看又好用的公共工程

大家好，我是苑裡鎮長劉育育。在這一週，台灣經歷了芮氏規模七點二的大地震。各地都有感受到明顯的劇烈搖晃，位於震央的花蓮，更是受損慘重，目前搜救工作仍然持續當中。看到傷亡的新聞，我跟大家一樣悲傷，並衷心地希望，災情可以到此為止，所有的失聯民眾與旅客，都可以平安獲救。

在地震當中，苑裡所受的災情，算是相當輕微。但我與公所團隊仍然不敢大意，請各課室盤點、回報管轄空間、工地、人員，民政課請里幹事確認每一里是否有災情狀況，還好苑裡都平安。

而在歷經每一次地震、颱風的挑戰之後，我有一個很深刻的感受：在台灣，我們比其他較少天災的地方，更需要高品質且符合科學與防災標準的公共工程。這些公共工程，我們一般在地方也會稱為「地方建設」。不管稱為「地方建設」、或者中性的「公共工程」都好，最重要的，應該是要讓硬體部分可以「以人為本」、軟體部分則需要大家的「公共思維」一同來維護。

舉例來說，鎮立體育場改善工程最近驗收完畢，就是我們團隊完成的一項重要公共工程。在體育場從規劃設計、發包、施工到驗收的過程中，就相當能夠展現我們對公共工程的想法。

從工程的設計階段，我們便在體育場中的籃球場舉辦說明會，廣邀在這裡運動的鎮民朋友前來參與。有些朋友無法到場，我們也開放線上直播留言，以使用者的經驗出發，盡量廣納使用者需求，結合廠商專業和政府預算可行範圍內，決定體育場的改善細節與優先性。

我希望，在我任內完成的公共工程，不只是要看上去光鮮體面，更要符合使用者的需求，讓大家用得順暢、安心、舒服。

在視察過現場情形、歸納了大家的需求，並聽取專業施工廠商的意見之後，我們針對體育場做了不少改變，其中有三項特別來跟大家簡略說明：

1.針對有故障、毀損情形的體健設施，拆除及進行全面更新。另外也在體健設施下方鋪設安全地墊，務必讓大家在使用運動器材的時候，可以有一個安全、安心的環境，不要因此受傷。

2.在場地舖設人工草皮與地磚。我注意到，我們的體育場因為使用人數非常多，過往舖設的草皮不敷使用，往往被踩得光禿禿，一下雨就造成泥濘淤積。泥沙甚至會往籃球場方向沖刷，影響大家的運動場地品質，也讓許多鎮民朋友感到困擾。

斟酌場地使用情形、台灣多雨氣候與各種材質的特性之後，廠商從專業角度建議以人工草皮加地磚的方式，減少下雨造成的泥濘淤積。地磚舖設之後，也可以溜直排輪、滑板，增加運動種類的多元性。

3.增設休憩桌椅區，方便大家運動累了喘口氣，或者單純想來球場看比賽、加油，都可以有歇腳的地方。

此外，因為苗栗縣政府的政策，我們的體育場也增設了UBike 2.0的站點，當中甚至有最新的電輔車的選項。這讓我們鎮民去運動的路上，可以選擇腳踏車代步，健身兼減碳，讓自己更健康、對地球也健康。

在這次改善工程驗收前夕，我除了依照一般程序，與團隊一一檢核廠商的施工品質，也親身下去試用每一樣運動設施，確認安全與使用上沒有問題。開放鎮民朋友前來使用之後，我也很開心看到大家進來打籃球、跳舞、健走、溜滑板與直排輪。

有一次到現場關心大家使用情況時，還遇到國立苑裡高中滑板社的同學，他們使用最新的地磚空間，開心地展示專業又帥氣的滑板技巧，看得我也跟著開心了起來。

雖然體育場的工程，已經階段性完成，但我知道，大家一定還會對它有更多的期許與改善的意見。我想跟大家說，我們的體育場真的廣受大家喜愛、使用頻率很高，未來一定還會做定期的維護、整修。大家若有寶貴意見，可以留言讓我知道，我們在下一個階段維護的時候，可以逐步來改善它。

與此同時，我也要呼籲：愛護我們的公共運動空間，珍惜使用器材，若暫時沒有運動需求，可以先讓給其他人使用，盡量不要使用衣物與水壺占用位置。

這同時是我對公共工程／地方建設的體會：在施工的過程中，負責硬體建設的鎮公所，應該要牢記「以人為本」的精神，讓空間符合各式各樣的使用者需求，盡量使不分年齡、性別與身體條件的人，都能在這裡找到舒服運動的方式。

在施工完成之後，大家要秉持著「公共思維」，正因為它是由公帑支出建設的，它的損壞，就等同於我們全民的財產受到損失，大家應該一起來愛護它、珍惜它，並且用心提出意見，讓它變得更好。

如此一來，才能讓我們的「建設」，真的「建設」到我們的地方，用了經費、蓋了建物，就應該讓鎮民朋友們的生活，實際上變得更好。用這樣的方式，真正腳踏實地解決，過去台灣社會常常批評的「蚊子館」，「剪綵時風風光光、過後無人使用」的困境。

當然，在我的任內，所有的工程都必須做到守法清廉，沒有任何私下交易。我不向廠商索取回扣、也不會給予任何人回扣，這是很基本的道理。

這幾日，看著地震的新聞，有許許多多的國內外專家媒體，都很稱讚、肯定台灣的防災韌性。我想，這毫無疑問是因為，自九二一大地震之後，從公部門、專業者到民間團體，都有記取九二一的傷痛，一同打造了一個更專業、更守法、更乾淨，也更有防災意識的工程環境。

雖然，這一切都還算不上完美，仍然存在很多我們努力改進的空間。但這二十年來的進步，依然是肉眼清晰可見的。這故事告訴我們，大至重大建設、小至民生空間（例如我們的體育場），只要每個人都在自己的崗位上，一起打造一個更好的公共工程環境，不迷信「大預算、大建設、大發展」的神話，落實「以人為本、公共思維」的精神，苑裡一定會越來越好，台灣也會。
再次祈願地震後的大家，一切平安，亡者安息。

2024.11.3

讓人安心的日常建設

大家好，我是苑裡鎮長劉育育。年底快到了，最近大家在苑裡鎮走走看看時，有沒有注意到，有些路段的路面鋪設進入了完成或驗收的階段呢?這些工程的驗收過程，我都會盡量在公務行程允許下，親自參與，與工程人員、公所驗收人員和里長，一起仔細檢查每一個細節，確保施工品質符合理想與標準。

今天，我想和大家聊聊這些常常默默進行的「建設」工作，不僅攸關大家日常生活，也體現了我對公共工程的態度和理念。

許多政治人物在選舉時喜歡喊出「路平、燈亮、水溝通」的口號，因為這些工程涉及民眾生活的基本需求，改善起來也相對快速、易見成效，因此常被當作吸引選票的「政績」。但事實上，這些工程並非一步登天，而是必須依據地方財政能力逐年安排。各級政府對這類基礎建設，通常都有固定編列的「經常性維護」經費，用以穩定推動改善地方環境的計畫。

在鄉鎮公所的責任範圍內，較小規模的路面維修、水溝清理等，都屬於「經常性維護」的範疇。我們會依據預算和維護需求，來制定各年度的改善計畫。如果遇到急需全面改善的路段，則會向縣府或中央爭取專項經費，以增加財務上的支持，確保可以完成更高品質的修繕工程。

這些「經常性維護」工程看似簡單，但我們並不僅僅追求「修好就好」。對我來說，每一條道路的整修、水溝的加蓋，都代表公所在守護苑裡居民的日常生活。這些工程不該僅僅是選舉的口號，而是每一個長期的、負責任的建設行為，真正讓苑裡變得更舒適、更安心。

所以，像是市區道路、村里聯絡道路的AC瀝青路面改善、駁坎護欄，以及水溝加蓋，這些是苑裡鎮公所的責任和職權範圍內，與縣政府和中央，共同分擔涉及我們生活環境的工程工作。每年鎮公所也都有編列預算，不過，因為鎮公所經費相較受限，會依據預算額度、可支用範疇，排定優先順序來維護管理。

像我們苑裡鎮的AC瀝青路面改善工程，鎮公所會根據「必要性」和「緊急性」來排定年度優先順序。例如某個路段每天上下學或通勤人數多，或者路面破損嚴重，這些都會優先處理，以確保大家行的安全與便利。

水溝加蓋的工程，也不是「有水溝就蓋」，其中包含許多考量，例如這段水溝是否位於公共區域，是否會影響周圍的排水？所以這也需要管理權責單位「農田水利署」的專業判斷與書面同意。此外，這些細節我們都會與里長和當地居民取得共識，確保工程不只安全，更能符合居民的需求。

今年較大的工程，例如苗四十五、四十七線道路工程，我們在中央和鎮公所的經費共同挹注下，已經於七月完成。還有西濱橋下、天下路及其他市區道路部分路段即將發包，接下來也將有更多地方道路陸續改善。

在我看來，這些工程的重要性不僅在「鋪設」的那一刻，還包含「鋪設前」的周全規劃，以及「鋪設後」的耐心驗收與後續養護。因為每一項公共設施的存在，最終是為人們的生活服務，而不是為了任何人的政績。

台灣的公共工程，如橋樑和隧道的平均壽命僅約三十五點七年，相較歐美國家的標準，還有很大的進步空間。雖然我無法在短時間內徹底改變現狀，但我相信，只要我們秉持公開透明的施政態度、並建立嚴謹的驗收機制，就能逐步提升苑裡的公共工程品質，以更長遠的眼光，管理每一項設施。對我來說，這不僅僅是建設，更是一種對苑裡居民的承諾，讓我們的工程真正經得起時間的考驗。

許多人常將這類工作視為「建設」或「政績」，但我始終認為，這些其實是公所的日常任務，是每一個基層政府應該擔負的基本民生責任。確實，較大的道路建設，需要中央的資金支持與政策配合，但在小規模的社區空間內，我們有沒有可能整合鎮公所、里鄰系統與居民們的力量，讓大家一同參與維護社區的各項基礎設施？

我相信這是可能的，也期望看到更多里鄰系統、社區志工，甚至是每一位愛護家園的民眾，參與到這個行動中來。透過公私協力，匯集大家的心力和行動，就能不斷優化我們的生活環境，讓苑裡的軟硬體建設更為完善。

這週末，我參加了田心里和海岸社區的活動，深刻體會到「建設」不僅是硬體，其實還包括軟體的支持與維護。舉例來說，田心里的林永茂里長帶領的環保志工隊，定期投入社區環境維護，針對路口除草、擦拭反光鏡，甚至是清理涵洞旁低窪邊溝的淤泥，避免淹水。這些看似微小的努力，大大改善行車視線和動線安全，有效降低了交通事故的風險。

這就是建設的真正意涵：不在於不斷增設新設施，而在於確保現有設施發揮最佳效能，真正服務民眾的生活需求。

我始終相信，建設的目標不只是硬體的增設，更是要讓人們在這片土地上感受到舒適、安心與家的溫度。未來，鎮公所也將持續秉持這樣的精神，推動更多讓苑裡鎮民安心的日常建設，讓苑裡成為一個大家都引以為傲的地方。

社區活動中心

大家好，我是苑裡鎮長劉育育。在這個禮拜，我想跟大家分享我出席「苗栗縣苑裡鎮山腳社區活動中心新建工程」中央外部委員工程查核的心得。

大家都知道，在我任內，最大、也最受矚目的新建工程，就是我們的百年老市場。不過，除了這項重大工程，鎮內不分內外區，也有許多其他大大小小的工程已完成，正在規劃設計階段，或是正在施工進行中。

其中一個鎮內重要公共工程，就是這座山腳社區活動中心，同時具有長者日照中心的功能。

目前山腳社區活動中心進度為百分之五十左右，預計今年底可以順利完工。本案獲衛生福利部補助一千五百五十九萬七千元、台電補助三百八十萬元，以及苗栗縣政府兩百萬元補助款挹注。另外經變更設計後，鎮公所總共自籌六百七十四萬兩千元，因此，全案總經費約兩千八百萬元。

這項工程是鎮公所的延續政策，也是中央衛福部一項重要政策的落地實踐。在我擔任鎮長任內，則是做了變更設計和啟動施工。

變更設計的起因是——山腳社區活動中心選址位在緩坡上，過去的設計雖然坡度已達法定無障礙的標準，但在去年民代反映後，拉高標準，將基地整體高程降低，使入口坡度更緩。由於此項變更，鎮公所追加預算約四百三十萬。

當然，這樣的變更設計，不是只有經費問題，也會牽涉到非常專業的土木工程與水土保持技術問題。不過，在衛福部的經費挹注與施工查核、廠商的專業、公所同仁的努力之下，這座活動中心正順利施工中。

看到這裡，大家可能會覺得有點奇怪，中央衛福部怎麼會特別來給我們一個社區活動中心補助經費，並且做施工查核呢？

原來，是從民國一〇八年開始，衛福部制定了「一國中學區一日照」的政策，也就是依據交通、環境、文化而劃分的國中學區，連結長者社區生活圈作為服務範圍，讓日照資源服務平均分布。

可以設立一間國中的區域，通常意味著地方的人口與家庭戶數達到一定規模，與此同時，也會衍生相對應的長照需求。由於我們苑裡鎮上有兩間國中，因此中央衛福部補助苑裡兩間中心的額度。

我認為「一國中學區一日照」是經過審慎評估的政策，在我們鄉村地區，資源的分配與利用，必須考慮到效益與精準度。特別是像這樣的社會福利政策，除了是硬體設施的建置，也需要在軟體上，一併思考未來的維護管理、制度的配合、人員的投入與安排。中央的補助，有它的標準與原則，必須促進社區長照工作，讓長者「老有所終」的任務能夠落地。

在「一國中學區一日照」政策推行後，外區（苑中學區）選擇落腳在西平，西平活動中心已經啟用，並由李綜合醫院得標，未來預計由醫院專業團隊辦理日照中心服務；內區（致民學區）選定在山腳，將於活動中心完工啟用後，公開依據政府採購程序，招標合適團隊進駐推動長照服務。

這週我與衛福部委員一同來進行工程查核的工作。一個兼具日照中心功能的活動中心工程，有許多細節需要注意。

而在負責、參與這麼多公共工程建設之後，我深深感覺到，如何兼顧「時間」、「經費」、「品質」這三要素，替地方留下真正扎實、專業並符合民眾需求的建設，實在非常不容易。

在一定的時間內，一方面要守護公帑、看緊鎮庫荷包，一方面要面對工程的過程中，會需要因應不同的變化或挑戰，變更設計、追加預算。然而，如果有變更設計、追加預算，也需要依據法規完備行政程序，並把握時間來進行。

此外，公部門也要確保廠商有合理、安全的勞動條件，才能讓專業者和勞工安心做好專業工程。因此，我們還需要有健全的監督機制，來精進工程品質和把關過程——這是所有公共工程的挑戰，也是我們鎮公所、以及我身為鎮長的挑戰。

尤其在近年來通貨膨脹、缺工缺料的大環境挑戰之下，在一定的時間限制內，要把工程做好，難度更高。過程當中，有許多不為人知的眉角，必須一一兼顧，才能讓事情圓滿。

我想要再次感謝來自中央的支持、廠商和專業者的努力，並與大家分享這一路看到的點點滴滴。讓我們期待年底工程完工，讓更多長者擁有活躍老化、聚會社交的公共空間！

第六章
理解預算

從我上任第一天開始，「看懂／編列／追加減預算」就是我的重要課題。

在快速學習、上手、提出我們團隊版本意見的同時，我也深切地感覺到：看懂預算，是台灣民主的終極考驗。唯有看得懂預算，才能真正落實「做國家主人」的精神。

因為，能夠看懂預算、對預算提出批判性意見，表示你對提出該預算計畫的行政單位業務，已經有透徹的理解，並能夠提出自己的意見與判斷。換句話說，看得懂地方預算的人，也是真正理解地方政治的人。

四年一次的選舉，僅僅只是民主的第一課。理解預算，才算讀到了「民主進階班」。

然而，每一次在我遇到「預算議題」，想要跟大家分享相關心得的時候，我總是會被同事提醒：這些資訊、數字，對於大家來說實在太過艱澀繁複。更何況，現在是短影音、短文字當道的年代，談太多預算，會讓大家對公共政治卻步。

經過思考與評估，我知道同事們說的是對的。然而，在我內心深處，還是一直有一個願望：好希望有一天可以跟大家一起讀預算書、搞懂我們的預算、一起討論我們的預算啊！

然而，就在二〇二五年初，在立法院，竟然發生了「預算大量刪減／凍結」的爭議事件，讓大家「看懂預算」的動力，瞬間沸騰了。

我一方面覺得遺憾，因為我並不希望立法院與中央政府發生這麼大的「預算爭議」，讓國家的施政滯礙難行。但在另一方面，我又抱著「勇敢走下去吧！」的心情，發出文宣，邀請大家跟我一起，從苑裡鎮的預算開始，學習看懂國家的預算原理。

以下，就是我與「預算」這個議題近身肉搏、思考學習的過程，分享給關心台灣政治、地方政治的大家。

在這裡，建議大家先回到一六〇頁，看一下「二〇二三年六月二十五日鎮長週記：爭取經費」這一篇章。那是我在就任初期，接觸行政部門如何「爭取預算」、監督機關又會如何「提出異議」，以及一位基層政治工作者，如何在其中匍匐前行的過程。

2023・4・23

開一場雙向溝通的里民大會

大家好，我是苑裡鎮長劉育育。本週我想跟大家分享的，是我們鎮上近日在緊鑼密鼓舉辦的里民大會。

首先，我要跟大家分享里民大會的由來。它是依照《苗栗縣村里民大會暨基層建設座談會自治條例》來舉辦，主要的目標，就是為了「蒐集民情，反映民意，解決里內重大問題」。由苗栗縣政府撥出預算辦理，鎮公所會輔導里辦公室舉行活動，我與鎮公所所有一級主管，也會共同出席苑裡鎮共二十五里的里民大會。

而按照這個名稱很長的《苗栗縣村里民大會暨基層建設座談會自治條例》所規定，縣政府可以撥出一筆預算，來給各里做小型工程。而近年來，這筆金額都是十萬元。

這十萬元，按照公部門的預算支出分類來說，是屬於「資本門」。

另一種分類，則是「經常門」。

這兩個「門」，分別代表什麼意思呢？

資本門支出，就是指設備費用。例如：購置土地或房屋、公共工程經費、購買使用年限兩年以上且金額新台幣一萬元以上設備，及對國內、外民間企業的投資等。資本門以外的支出，如購買耗材費用、人事費與水電費等都是經常門。

這屬於資本門的十萬元，里長們都會來拿處理一些攸關大家生活「最重要的小事」，例如：給里內的暗處增設路燈、監視器，或者更換水溝蓋。

不過，如果在里民大會上，大家有不一樣的意見，里長當然也會從善如流、遵照民意辦理。

在今年度的里民大會上，最主要的環節，便是報告去年的這十萬元如何運用、決定今年的十萬元如何應用，最後再開放里民對公共政務提問與回覆的時間。

在里民大會上，里長是當然的主席，我坐在里長旁邊，共同回覆大家的問題，縣政府也派代表擔任上級指導員，一同出席。為了給民眾的問題更好的答覆，我們鎮公所的一級主管、同仁，都會列席應答。此外，關心地方發展的各級民意代表也以來賓的身分出席。

在政務問答的環節，大家都相當踴躍提出自己對鎮上未來公共事務的想像，細至「路平、燈亮、水溝通」的民生建議，大至高鐵設站、橫貫公路開闢等事項，都有熱心的朋友提出建議。

有些事務民眾反映了好幾十年無法解決，有些事務即時通報就可以處理。而對我來說，只要是鎮公所權責範圍的建議或疑問，我就會請同仁現場給出答覆、或回答可能的處理方向。若鎮民朋友所說的問題需要現場會勘，我也請同仁在里民大會結束後，立刻到現場釐清狀況。

至於有些對未來政策的建議，超出鎮公所職權範圍的，我們也會視情況告訴大家：或許有些好的方向，我們可以提出地方需求、撰寫相關計畫，來向縣府或中央申請相關經費。

對我來說，現場面對這樣的政務問答，好像一場大型的會考。聽到大家的問題之後，必須馬上釐清問題的性質、權責與可能的處理方向，才能給出有建設性的答覆，要對鎮上政務非常熟稔才能做到。

我很感謝鎮公所的一級主管團隊，陸陸續續共同完成了這場鎮務的會考，呈現行政部門的團隊合作，並接住鎮民的各項提問。

舉例來說，如果鎮民朋友反映，某一條道路出了問題，那我就要很快去搞清楚：這是都市計畫內的道路、還是都市計畫外的道路？是重劃區的路、農用道路或是私人土地上的道路？性質不同，處理的方向、權責機關就會不同。

如果大家的訴求是河川太髒，像是苑裡的苑裡溪與房裡溪，以及公告縣管排水，依據水利署《河川管理辦法》，鎮公所每年都會提請縣政府水利處來處理這項工作。

而路邊農田的灌溉溝渠，如果是沒有加蓋的明溝，就是農田水利會的管轄範圍；若是加蓋後的灌溉水溝，以及都市計畫道路的家庭排水溝，鎮公所清潔隊就要派清溝車來清淤。

當然，只要是在鎮上發生的所有大小事務，如果涉及到緊急危險的狀況，那麼，不管它平日的管轄所屬為何，二話不說，公所就近立刻處理。

接任鎮長之後，我才深刻地明白：大家日常生活中所盼望的「路平、燈亮、水溝通」其實大不容易，需要跨越不同尺度的政府單位一起來協力合作，從最小的地方自治單位鄉鎮區公所，再到縣市政府與中央各部會，共同來解決地方的各種問題。

因為在現代專業的政治制度中，「路」、「燈」、「水」依設置所在的土地位置、補助單位、執行單位、維護管理單位的不同，或者處在不同階段，就隸屬於不同權責單位。

但在民眾的生活中，這些「路」、「燈」、「水」又無處不在。可能很難理解，為什麼一條路走一走，就從鎮公所的管區走到了其他機關的管區，路看起來不是都一樣嗎？而看似一模一樣的路邊水溝，怎麼一下子是鎮公所要負責、一下是農田水利會要負責呢？

這確實是有點反直覺，也容易讓大家困惑。畢竟，對於每一個人來說，生活是一個整體。我們無從得知，這些生活上的議題，在政府中其實切給不同部門來處理。這或許是現代生活當中，民眾跟現代行政體系產生距離與陌生感的原因。

因此，我把里民大會當成非常好的機會教育場合。這次的教育，是一種雙向的溝通：我與鎮公所同仁學著同理大家的困惑，盡量清楚解釋行政機關運作的原理給大家聽，同時不放棄一起解決問題的可能性（雖然不是鎮公所可以處理的事情，但我們還是可以一起提出建言給縣府或中央）。

所以，如果有參與里民大會的朋友，就會發現，我們公所的同仁，其實會非常積極、盡量來回覆大家的問題。如果發現還有聽不懂的情況，我也會再拿起麥克風，換個方式跟大家說明一遍。

把握每一次的機會，進行這樣的溝通與引導，我相信，未來我們的政治與公共生活，一定會越來越順暢。

畢竟，里民大會一年開一次，公共事務卻是民眾每天生活都遇到。如果大家在生活中遇見各種公共大小事，願意隨時反應給里長，或是鎮公所民政課派駐在各里的里幹事，如此一來，就能將問題更迅速通報至鎮公所各課室，更有效率地來處理、解決問題。

在最後，我也把我在里民大會上跟大家說的話，分享給沒有出席大會、但正在看鎮長週記的鎮民朋友們：

在每一件我們在乎的公共大小事中，政府有政府應該努力的事情，但真正想讓事情變得更好，關鍵是不能只有政府做得好，我們的公民也要一起來配合，才能夠成功改變我們的生活環境。

譬如說，很多里民朋友跟我陳情，說鎮上亂丟垃圾的情形相當嚴重。我們清潔隊也回應，一定會持續開罰、調閱監視器，嚇阻這種歪風。而清潔隊的努力，若能加上每一位里民朋友的互相提醒、監督、檢舉，一定可以更快解決垃圾問題。

這就是「公私協力」，在每一項公共事務上，鎮公所該做的、能做的，我們絕對不卸責。但大家只要對地方也有認同與愛，一起為你所在乎的議題盡一分力，那一定是事半功倍。

我知道，大家選出我這樣的新鎮長，是對我有所期待。所以，我會就事論事來看待鎮上的所有政策。好的政策，我會延續，但過去有不合理、不公平的措施，我也會慢慢來處理。希望大家繼續支持我們、同時也監督我們，才會讓我們的家鄉更好。

期待我們在大會上討論的政策、夢想未來的熱情，都成為我們明日改變苑裡的行動！

2024．12．9

從預算看見未來

大家好，我是苑裡鎮長劉育育。在這一週，我依然想跟大家分享，關於未來這一年，我們苑裡鎮預算的一些心得與想法。

最近，我們緊鑼密鼓地準備編列明年度的施政預算。其實，編列預算的過程，同時也是我執行選民託付的任務，負責規劃苑裡鎮未來的時刻。

不過在明年預算，我們共有十四個提案遭到鎮代會刪結或凍結，其中包括「游泳池自來水費及委託管理費用」、「老人文康中心冷氣等汰換」、「本鎮路燈維修、遷移及損壞修復等」、「汰換購置社區巴士」等項目。

這些項目的經費刪除，意味著我與鎮民代表在政治意見上的不同。他們反對我、不願支持我在這些政見上的主張，我雖然不認同，但在制度上必須予以尊重。

唯有在部分公共討論中提到的一種言論，我是完全不能同意，也想特別提出來討論：預算的編列與審查，並不是關於「利益的分配」、「資源的搶奪」。

這樣的說法，絕對是錯誤的。台灣是一個民主、法治的國家。根據《預算法》的規定，「預算以提供政府於一定期間完成作業所需經費為目的」。

預算取之於人民、用之於人民，我們應該去評價的，是誰花得更漂亮、能夠帶給地方更好的未來、更切合人民的需要。而不是誰更會省錢、誰更會砍錢、誰會分配利益、誰會搶奪資源。

用這種叢林法則式的語言，理解當代台灣的預算運作，是非常奇怪的事情，也絕對與台灣現行《預算法》相關規定不符，是禁不起考驗的說法。

就我現在的理解，「預算」是這樣的。身為鎮長，我帶領團隊提出對苑裡鎮未來的想法與作法，經過以下嚴謹的流程：

1.**我會帶領鎮長室同仁，仔細檢視一一二年編的預算，在一一三年的執行狀況如何，做好初步的檢討與盤點。**

2.**接著，我們邀集各課室的主管：一起討論，今年度用的預算，有沒有要增加或是調整的地方？如果有些項目的預算不夠用，是什麼原因？在未來一年的鎮政方向上，有沒有需要增加或可以減少的地方？**

3.**討論到有疑義的地方，各課室主管要分別去請教主計同仁，確認相關的細節與**

規定。

4. **經過一輪仔細討論，各課室主管開始寫正式的提案公文，提送接下來一年的預算給主計同仁。**

5. **主計同仁會再進行專業盤點，檢視預算的編列方法，也看看各細節是否符合法規、怎麼分配才是最妥當的做法。也就是說，所有的預算，其實是經過反覆思量，與業務單位討論、相關人員與主計同意，才會編列。既有法源依據，也有真實的需求。**

6. **最後，我們提出整體總預算案，交給鎮民代表進行審查。**

經過以上的嚴謹程序，我相信我們提出來的預算書，是一部符合鎮民需要、合乎法規，替苑裡一步步踏實完成夢想的計劃書。

當然，台灣是一個民主、遵守權力分立原則的國家。因此，我所提出的方案，需要經過鎮代會審查，決定是否予以通過。

乍聽之下，這樣的過程，是一個關於「錢」的工作；實際上，僅僅談「錢」，並不準確。正確來說，它是一個政見之爭，鎮民代表會可以對我的計畫，表達他們的「同意」或「反對」意見。

這是在民主制度之下的正常意見分歧，關乎我們的經費可以運用到哪些地方，為苑裡做更好的建設。雖然很可惜，在鎮代會上，我每次想要針對部分鎮民代表可能理解不完全的地方，多做補充說明，就會被制止。但我會繼續抱持既開放、又堅持原則的心態，盡力想辦法說服，推動這些政治理念前進。

然而，沒有糧草，再精良的軍隊，也無法打出漂亮的勝仗。如果，因為現在的預算項目遭到刪除或凍結，以至於這些鎮政無法施行、延宕，我會覺得非常可惜、也非常遺憾。

在接下來的日子裡，我將抱持著專業與熱情的態度，在預算遭到凍結或刪減的情況下，帶領同仁持續努力。除了尋求鎮民代表會的支持，也尋求中央單位與其他機關的協助，努力完成理想中的鎮政藍圖。

未來一年，在因為預算短缺而遭遇困難時，我也會適度地提出來與大家分享，讓大家一同討論：

究竟，我們的小鎮應該往哪裡去？哪些預算的刪減與凍結，是真正合乎公共性的要求，哪些又不應該刪減與凍結？

例如，如果游泳池獲得中央補助的預算，卻因為自籌款到位不及，以及自來水費未編列，而無法在夏天開幕營運，或是要改回使用惡劣水質的地下水，這真的是我們大家想要的嗎？

我相信，時間終將給我們答案。

我只擔心，在這等待真相水落石出的過程中，原本能夠大步前進的苑裡，又會因此而變得舉步維艱。我不願讓這些事情發生。我需要大家一同關注、支持、思考、監督，與我一起看懂預算、關心預算爭議，一同前進。

苑裡鎮一一四年度被凍結或刪除的預算項目列表

①工程先期規劃作業設計、環評等費用支出（各課室）
②本所辦公大樓維護費
③游泳池自來水費
④游泳池委託管理費用
⑤城市行銷觀光推廣活動等
⑥六十五歲以上長輩敬老計畫
⑦老人文康中心冷氣等汰換
⑧舊西平社區活動中心拆除含清潔費
⑨辦理社區巴士運輸服務提升規劃
⑩汰換購置社區巴士
⑪路燈工程車油料費、工程人員安全鞋帽及雨具用品、工程車養護費、工程車高空昇降機保養維修費
⑫大同路臨時攤販區拆除違規擺設固定攤架等工程
⑬市場危險建物拆除費用等
⑭本鎮路燈維修、遷移及損壞修復等

2025・1・19 ——學會讀預算書

大家好，我是苑裡鎮長劉育育。近日以來，大家都很關心，我們中央未來一整年的預算，有許多項目遭到不當刪減、凍結的議題。

看著許多爭議的細節，其實我非常非常有感。因為，我從一上任開始，直到今天，也同樣在面對「預算被不當刪減、擱置、凍結」之苦。

舉例來說，二〇二三年六月二十七日，鎮民代表會表決，「擱置」我們苑裡的百年公有零售市場重建經費。

如果「擱置」是出於專業有理的監督與批判，我完全樂意接受，而且會虛心改進。但當天的情況，我連預算的內容都沒辦法簡報完畢，就直接被打斷報告、關掉投影和麥克風，代表會逕自進入表決。

最後出爐的表決結果，幾乎全數決定「擱置」此案，只有一位代表以附帶決議方式同意通過。

當時，我還記得自己驚訝與氣憤的心情：這樣是否算是合理的「監督」？我不服氣。

然而我更緊張的是，假如在那次會期，鎮代會無法通過這筆預算的墊付案，市場重建的專業工程管理及工程將無法發包。這麼一來，很可能導致中央已經核定的六千三百萬被收回，嚴重延後市場重建的進度。

因此，現在中研院等單位疾呼，希望國會「以整體國家利益為考量，避免影響到全國科學技術研發與人才培育」的聲音，我看了非常非常有感。

而就在此刻，我也正為了接下來的年度預算遭到不當刪除、凍結的問題，持續感到苦惱。

之前，我已經跟大家提過這件事，也讓大家知道了鎮公所預算被刪除、凍結的具體項目。我今天想要分享其中一個案例，讓大家知道：

我不是反對民意代表監督行政權，而是這樣的「監督」是否真的合乎專業理性、合乎苑裡鎮民的需求？

舉個例來說，在我們被刪減的預算當中，其中一筆是我們提出的「汰換購置社區巴士」案。

在鎮民代表會上，有鎮代質疑我，社區巴士真的有老舊到不能行駛了嗎？有漏油破損嗎？如果沒有，為什麼要汰換？不願意聽我們多解釋，便逕自刪除。但，該批社區巴士確實已經到達了使用年限，也不完全能夠符合鎮民的使用需求。我們公所課室同仁，經過精細的調查與評估，才提出這樣的提案。

為了確定「我們真的需要這筆預算」，我自己也親身多次搭乘社區巴士。來到苑裡靠山區的地帶時，我發現：

在偏鄉地帶，沒有公車、計程車也不願跑的區域，社區巴士是許多老年人（尤其是老年女性）看醫生、復健、買菜、購物的唯一出入途徑。

我也發現，社區巴士的功能，遠遠大於只是一台運具而已。我們社區巴士的司機，都非常細膩、溫暖，叫得出每一位「乘客」的名字。我親眼看見，有些年紀大的長輩跟同車朋友聊得開心，差點錯過站，司機還會提醒：

「阿姐，你們家到囉！後天要復健，你要記得出來坐車喔！」

我們針對這樣的使用場景，請專業團隊進行了調查分析。最後歸納出現行車輛有些老舊，已達使用年限，讓社區巴士的功能無法得到最好的發揮，也讓山區居民的通勤權益受到損害。

因此，我們才會提出要汰換購置巴士的提案，希望讓社區巴士更符合苑裡的使用需求。日後，甚至可以根據我們苑裡的居民狀態，在路線設計與停留時間上，去做細膩的配合與調整。

這筆預算遭到刪除，我們損失的，僅僅是檯面上的新台幣數字而已嗎？不。它所刪除的，是苑裡靠近山區或較偏遠的地區，可以更有活力、更方便跟外界交流的機會；是讓用心溫暖的在地司機，可以安全駕駛更新更好的車輛，來服務鄉民的機會。同時，它也刪除了鎮公所團隊與社區巴士專業調查人員的用心與付出。

如果，主張刪除預算的代表，跟我們付出了同樣的用心、專業、時間，針對我們的社區巴士提案，進行嚴厲的反駁與修正。那麼，我不但沒有怨言，還會非常高興。

很可惜，事實總與我們的理想期望相反。就像提案刪除公視全部預算的陳玉珍委員，近日在網路上承認，那些她聲稱是大外宣的影視作品，就連其中一部紀錄片是以她的選區金門為主題，她也並沒有看過。這樣就以「監督」、「大外宣」之名、文化工作者「要飯」的理由，刪除公視所有預算。

這樣奠基於激烈朝野對立，對特定預算「全刪」的風格，我認為並不能讓我們的政治生活變得更好。相反地，它會讓事情的進展停滯、並讓其中努力做事的每一個人，都感到十分傷心洩氣。

再說，雖然預算可以透過「追加減」與「解凍」的方式敗部復活，然而，中間延宕的時程，很可能讓許多的政策失去意義、錯過該做事的時間。在地方基層機關更是如此，甚至有可能讓我們錯過跟中央爭取補助款的時機。

大家看到這裡，是否會對我們的民主政治有些灰心？但我想，其實這一切的僵局，有一個（可能也是唯一的）解決方法：

如果所有的台灣公民都看得懂預算書、知道預算書冷冰冰的數字後面藏著什麼，並且可以理性判斷，這筆預算到底是浮濫編列、還是至關重要。

那麼，我想無論是行政機關或立法機關，濫權、濫刪的情況都會下降很多。

我非常願意免費開課，以苑裡鎮的預算為例，跟大家無私分享我們的「預算經驗」。讓大家以一個小鎮為學習範圍，來理解整個國家的預算原理。

有想報名的朋友嗎？一起在下面+1吧！

大家一起來，現在就是那一天，一起來學會看我們自己國家的預算書！

小結：

回饋「苑裡經驗」給台灣——從小地方出發，一起走向更大的世界

就任兩週年前夕，我與團隊開始細細整理、總結種種經驗，期待能透過梳理來時的路，找到接下來繼續平穩前進的支點。一篇又一篇的週記，當然就是我們回顧的重要素材之一。

當兩年來的週記整理到尾聲，我的鎮長任期也邁向新的預算年度，我突然發現，「預算被刪減、凍結」的議題，不僅僅只困擾著我與我的團隊，也困擾著中央的行政團隊，困擾許許多多關心政治的台灣公民。

看著立法院與行政院一次又一次的交鋒、網路上各種不同意見的網友激烈辯論，我突然湧現了一個想法：如果我從苑裡的預算經驗出發，來跟大家一起學習怎麼看預算，會有人想參加嗎？

這個想法其實已經存在我的腦海許久，然而在過去，大家總覺得預算太艱深、太枯

燥，恐怕沒太多人有興趣。我內心總是覺得可惜，也有一點焦急。「預算可是跟我們的生活息息相關啊！」我有時候會跟夥伴們這樣叨念。

然而，就在二〇二五年初，「預算」對我們生活的影響，開始變得如此真實，讓人有切身的感覺。我在二〇二五年一月十九日週記中（請見前一篇），撰寫了我們鎮上預算被刪減、凍結的主題之後，在結尾問大家：

我非常願意免費開課，以苑裡鎮的預算為例，跟大家無私分享我們的「預算經驗」。讓大家以一個小鎮為學習範圍，來理解整個國家的預算原理。

有想報名的朋友嗎？一起在下面+1吧！

出乎意料地，大家+1的留言非常踴躍，文章也受到大量的轉貼。我們深深受到鼓舞，決定將長久以來的願望化為行動：從苑裡鎮經驗出發，開設一堂給公民的預算課程。

二〇二五年一月二十四日，我到了飛地書店舉辦「從苑裡鎮出發：一起讀預算，民主進階班」台北場課程說明會，在那一刻，我真切地感覺到，苑裡的經驗，真的可以帶給台灣民主更多的啟發。

甚至，連美國都開始承受預算爭議風暴時，我們每一個人要如何艱難地前進，為民主、為公共價值找到更好的出路？

我自己的答案，就是回到地方，扎扎實實地實踐。「越在地，越國際」這句話，在今天顯得格外地有力量，值得我們繼續實踐它，不管要經歷多少困難。

我把當天的結語，放在接下來的段落，作為本書的結尾。這本書雖然暫時畫下句點，但我很希望，這是我們公民行動的起點。回到自己的家鄉，一起用你的方式了解地方政治、改變地方政治吧！唯有這樣，我們才能走向更好的未來。

民主的問題，只能透過更好的民主來解決

關於預算這堂民主進階班，聽了大家的回饋，我非常感動。我們開始思考日常生活的點滴，以及我們關心的議題。我們關注的不只是表面的問題，而是背後那些看不見的邏輯運作與資源分配。這其實是滿不容易的一件事。

剛上任時，我要執行上一任鎮長編好的預算。當時的我只知道，有編列的錢才能花，比如人事費如果編列十萬，我就只能花十萬、不能是十一萬，但可以花九萬，省下一點

預算。那時候，我對財政的理解僅止於此。

經過一年後，我才真正理解預算如何落實。從一月一日到十二月三十一日，我親眼看到這筆錢辦了哪些活動、用在哪些具體事項、支付了哪些公務人員的薪水。例如，我們的課室有五個公務人員，各自負責水溝、道路、自來水工程、活動中心等不同的事務。這些花費，從紙面上的數字變成實際支出，我才開始體會到人事費的意義。

再舉個例子，當我看到活動中心的經費，不只是人事費，還包含水電費、電梯維修、鐵捲門修繕一直到屋頂耐震補強等項目。我才明白，這些預算不只是冰冷的數字，而是具體影響居民生活的資源。

同樣地，當我們看到道路坑坑洞洞，我們關心的是如何修補，但這條路可能分屬不同的管轄範圍——某一段是鎮公所負責，再往前是縣政府管轄，到了橋上又變成交通部的權責。

人民的生活是一體的，但政府的行政分工卻是科層的。對居民來說，無論道路歸誰管，一條路走一走跌倒了，就會覺得這條路不好走，這是最直接的感受。然而在政府體系內，這條路的不同路段可能屬於不同的單位，導致問題很難一次順利解決。

這種行政分裂，讓政策執行與人民需求之間產生嚴重落差。中央的施政方針落實到地方後，往往與原先的想像有很大的斷裂，這是我進入行政體系後一直在思考的問題——怎麼溝通、銜接，甚至邀請更多人參與治理，共同打造更有效的行政路徑。

執政一年後，我才真正理解「魔鬼藏在細節裡」這句話的含義。我記得有一天半夜，我翻閱兩百多頁的預算書，起初完全看不懂，雖然每個字都認識，但無法想像它們對應的現實場景。直到一年後，我看著這些預算如何轉化為具體政策，經歷了執行過程，接觸了實際負責的人員與事項，我的思維才徹底開竅。

這讓我開始思考，要辦好這件事，三十萬元的預算夠不夠？應該再增加十萬或二十萬嗎？如果我們在活動中多投入五萬元，帳篷、桌椅的品質可能會更好，整體活動的呈現也更符合施政目標。

透過務實的檢驗，我們可以更準確地評估預算是否充足，並在下一年度進行適當調整。施政過程中，民眾可能陸續反映，哪些項目因為資金不足而無法執行，我們就要根據這些回饋，確保預算能合理分配，讓政策更有效地落實。

這樣的過程，讓我們不斷反思決策是否正確。當然，真正的歷史評價可能要等一、兩個世代後才能看出來，但在執行當下，我們其實已經在不斷對話、檢討與調整。這並沒有絕對的對錯，因為不同的立場與利害關係，會影響我們的優先順序。例如，道路、交通政策的制定，可能要兼顧機車族、汽車駕駛及行人的不同需求。然而政治人物的考量，往往與四年一次的選舉密切相關。

但如果有不一樣的政治人物，他的思維不只以四年為週期，而是放眼到更長遠的一整個世代，那麼他的決策方式也會有所不同。他會思考，如何運用經費去投資未來，願意相信這是一個「種下種子」的過程。

例如，讓長者參與預算是我任內推動的政策，但如果下一任鎮長不做，這筆錢還是會花出去，只是花費的方式不同。這時，民主的考驗就在於，民眾會不會記得，曾經有個鎮長親自來關心他們，告訴他們要運動、要預防跌倒？抑或是，他們更在意手上是否拿到更多現金？這是一種價值選擇，沒有標準答案。

此外，關於「攻防」，我覺得這是一件很有趣的事情。懂門道的人一聽就知道對方在挑戰什麼，但如果民眾對預算與執行方式不熟悉，就很難聽懂「言下之意」。許多攻防其實是話術的較量，只有深入了解預算機制，才能真正識破其中的邏輯。因此，我一直在思考如何讓公民更有感，讓大家從自己關心的議題與預算出發，連結到背後的利害關係，這樣才能增加公共參與的可能性。

通常，民意代表不太敢刪減人事費，因為人事費牽涉到具體的公務人員。但如果某項政策可能讓執政者獲得亮眼的政績，或許有些民代會刻意阻撓，防止對方獲得選舉優勢。然而，這種做法有時演變成「兩敗俱傷」，儘管阻擋了政績，最終自己選舉時也沒有施政成果可說，導致惡性循環。

民意代表的角色，是否只應該侷限於「選民服務」？這值得深思。選民服務不一定關乎公共利益，如果能將選民服務轉化為通用的法案或福利措施，就有可能帶來更普遍的影響。

因此，我覺得，作為一個三級行政首長（如鎮長），我的親身經驗與貼身肉搏可以成為一種教材，讓大家覺得公共事務其實沒有那麼遙遠，而是與我們的日常息息相關。這樣，或許更多人願意參與討論、願意翻開那本厚厚的預算書，並且發現其中的趣味與意義。民主的問題，只能透過更好的民主來解決，沒有其他的方式。

最後，真的很感謝大家，參與了這個不容易的開始。

◎參考資料

陳慶居，〈苗縣苑裡公有市場大火，六十年老店等三十多店家燒毀〉，《中時新聞網》，二〇一八年九月十四日。

秦雅如，〈為苗栗苑裡種下民主的種子，孩童與家鄉連結的開始〉，《微笑台灣》，二〇二四年十二月十九日。

蔡立勳，〈不想再被笑苗栗國：書店、咖啡店與魚丸店老闆，用四十場說明會選贏不敗鎮長〉，《天下雜誌》網站，二〇二二年十二月十三日。

管瑞平，〈小蝦米戰勝政壇老將，創生青年劉育育翻轉苑裡〉，《中央社》，二〇二二年十一月二十六日。

劉育育，〈抗爭的力量來自組織與人的深耕：歌唱、勞動與主體生成——返鄉苑裡工作者的抗爭告白〉。《人間思想》，二〇一四年。

劉育育，〈浴火重生，燒出「新」市場：苗栗苑裡菜市場重建中的規劃政治和空間競奪〉（未出版碩士論文計畫書），國立臺灣大學建築與城鄉研究所，二〇二三年。

劉育育、曾于容，〈創造苑裡經典小鎮〉，《自由時報》，二〇一八年十二月十四日。

林秀芃、劉育育，〈一場火災如何燒出公民參與：苑裡菜市場保存抗爭紀實〉（未出版手稿）。

苑裡掀海風，〈苑裡市場災後紀錄（二）：找回故鄉的路〉（影片），取自「苑裡掀海風」Facebook專頁，二〇一八年九月十七日。

苑裡掀海風，〈苑裡市場災後紀錄（三）：可以感傷，但不能遺忘〉（影片），取自「苑裡掀海風」Facebook 專頁，二〇一八年九月十八日。

鎮長週記：大家好，我是苗栗苑裡鎮長劉育育

作者｜劉育育
封面設計｜ Tsenglee
封面攝影｜ KRIS KANG
內頁排版｜青春生技
責任編輯｜楊芩雯、歐佩佩

出版｜離島出版有限公司
總編輯｜何欣潔
地址｜ 108 台北市萬華區中華路一段 170 之 2 號 1 樓
網址｜ offshoreislands.online
電話｜ (02) 2371-0300

發行｜遠足文化事業股份有限公司（讀書共和國出版集團）
地址｜ 231 新北市新店區民權路 108-2 號 9 樓
電話｜ (02) 2218-1417　傳眞｜ (02) 2218-1142
電子信箱｜ service@bookrep.com.tw
郵政帳號｜ 19504465（戶名：遠足文化事業股份有限公司）
客服電話｜ 0800-221-029　團體訂購｜ 02-2218-1717 分機 1124
網址｜ www.bookrep.com.tw
法律顧問｜華洋法律事務所／蘇文生律師
印製｜漾格科技股份有限公司
初版一刷｜ 2025 年 4 月

定價｜ 500 元
ISBN ｜ 978-626-98329-5-8
書號｜ 3KIT0004

國家圖書館出版品預行編目 (CIP) 資料

鎮長週記：大家好，我是苗栗苑裡鎮長劉育育 = Dear Yuanli : mayor's weekly notes / 劉育育著 . －初版 . －臺北市：離島出版有限公司出版 ；新北市：遠足文化事業發行，2025.04
384 面 ；14.8×21 公分 . －

ISBN 978-626-98329-5-8(平裝)

1.CST：劉育育　2.CST：自傳

783.3886　114004081